세 마리 토끼 잡는 초등 한국사

[6권] 대한 제국~대한민국

NE 능률

이 책을 쓴 분들

강영주(지에밥 창작연구소 대표, 〈세 마리 토끼 잡는 독서 논술, 초등 독해〉 기획 및 집필)

김경선(작가, 〈세 마리 토끼 잡는 독서 논술, 초등 독해〉 집필)

한화주(작가, 〈세 마리 토끼 잡는 독서 논술, 초등 독해〉 집필)

한현주(작가, 〈세 마리 토끼 잡는 독서 논술, 초등 독해〉 집필)

박지영(작가, 〈세 마리 토끼 잡는 초등 독해〉 기획 및 편집)

이 책을 감수한 선생님들

김명수(용인 모현초등학교)

한희란(용인 양지초등학교)

양준호(수원 광교초등학교)

이 책을 만든 분들

박지영(기획 편집자), 이국진(기획 편집자),

최영은(기획 편집자), 강영주(기획 편집자)

세 마리 토끼 잡는 초등 한국사

6권 대한 제국~대한민국

1판 4쇄 2022년 2월 25일 | **펴낸이** 주민홍

총괄 김진홍 | **기획 및 편집** 지에밥 창작연구소 | **연구원** 김지연, 이자원, 박수희 | **펴낸곳** ㈜NE능률 | **디자인** 장현순 | **그림** 우지현, 유남영, 김정진, 이형진, 윤유리, 이혁, 김석류 | **영업** 한기영, 이경구, 박인규, 정철교, 김남준, 김남형, 이우현 | **마케팅** 박혜선, 고유진, 김여진 | **주소** 서울특별시 마포구 월드컵북로 396(상암동) 누리꿈스퀘어 비즈니스타워 10층 (우편번호 03925) | **전화** (02)2014-7114 | **팩스** (02)3142-0356 | **홈페이지** www.nebooks.co.kr | **ISBN** 979-11-253-3526-9

제조년월 2022년 2월 제조사명 ㈜NE능률 제조국 대한민국 사용연령 7~11세

하루하루 실력이 성장하는 역사의 주인공이 되세요!

아이가 자라면 가족과 친구를 벗어나 사회 문제에 관심을 갖기 시작합니다.

그러다가 어느 날 문득 뜻밖의 질문을 합니다.

"우리나라를 처음 세운 사람이 누구예요?"

"옛날에는 왜 남자도 머리를 길렀어요?"

"이순신 장군은 어떻게 배 13척으로 일본군을 무찔렀어요?"

역사에 대한 호기심이 생긴 것이지요. 그렇다면 이제 아이가 역사를 공부하기에 좋은 때가 된 것입니다. 역사를 공부한다는 것은 지금까지 경험한 세계를 뛰어넘어 시공간이 다른 사건과 인물을 만나는 일이기 때문이지요.

역사는 '과거와 현재의 대화'라고 합니다. 과거의 기록인 역사가 현재를 사는 우리에게 많은 교훈과 해법을 제공해 주기 때문입니다.

우리 민족은 세계 최초로 금속 활자를 발명했고, 한글이라는 훌륭한 문자를 가지고 있습니다. 또한, 『팔만대장경』과 『조선왕조실록』이라는 뛰어난 역사 기록물들을 소중히 보존하고 있습니다. 그러므로 이제 막 역사에 관심을 갖기 시작한 아이에게 우리 역사의 소중함을 깨닫게 하고, 역사를 제대로 이해할 수 있도록 하는 일은 무엇보다 중요합니다.

〈세 마리 토끼 잡는 초등 한국사〉는 이와 같은 점을 고려하여 기획하고 구성하였습니다.

첫째, 역사 이야기를 재미있게 읽으며 교훈을 얻게 한다.

둘째, 정확한 자료를 바탕으로 역사 지식을 키우고 실력을 확인하게 한다.

셋째, 한국사를 중심으로 세계사를 이해하며 폭넓은 역사관을 갖게 한다.

〈세 마리 토끼 잡는 초등 한국사〉는 이와 같은 기획을 완성하기 위해 최고의 기획진과 작가진들이 내용을 구성하고, 현장의 선생님들이 한 자 한 자 감수해 주셨습니다. 모쪼록 이 책으로 아이가 하루하루 실력을 쌓으며 새롭게 펼쳐질 역사의 주인공이 되기를 기대합니다.

세 마리 토끼 잡는 초등 한국사란?

어떤 책인가요?

〈세 마리 토끼 잡는 초등 한국사〉는 역사에 대한 호기심을 재미있는 역사 이야기로 풀면서 배경지식을 쌓고 다양한 문제로 실력을 키울 수 있는 책입니다.

몇 권으로 구성했나요?

〈세 마리 토끼 잡는 초등 한국사〉는 한국사를 시대별로 총 6권으로 나누어 실었습니다.

단계	1권	2권	3권	4권	5권	6권
대상 학년	전 학년	전 학년	전 학년	전 학년	전 학년	전 학년
시기	선사 시대~삼국 시대	삼국 통일~남북국 시대	고려 시대	조선 전기	조선 후기	대한 제국~대한민국
권수	1권	1권	1권	1권	1권	1권

세 마리 토끼란?

'한국사, 세계사, 기출 문제'를 말합니다. 한국사를 중심으로 사건을 살피고 이것을 세계사에 연결시켜 자주 출제되는 문제로 확인하는 과정에서 통합적으로 역사를 이해할 수 있습니다.

한국사
- 재미있는 이야기를 읽으며 한국사를 이해함.
- 한국사 지식을 정확한 역사 정보로 살펴보고, 핵심 문제로 확인함.

세계사
- 한국사의 주요 사건을 세계사와 연결시켜 통합적으로 이해함.
- 한국사의 흐름을 세계사의 흐름 속에서 폭넓게 이해함.

기출 문제
- 한국사를 초등 교육 과정과 연결하여 학교 공부에 도움을 줌.
- 한국사 실력을 키워 학교 시험, 한국사능력검정시험 등에 대비함.

하루에 세 장씩 학습하면 한 달 안에 역사가 한눈에 쏘옥!

세 마리 ^土끼 잡는 초등 한국사 는 이런 점이 다릅니다

● **한국사를 초등 교과와 긴밀하게 연결했습니다.**

한국사의 흐름을 〈초등 사회 5-2, 6-1〉 교과 내용과 연결 지어 각 권을 구분하고, 주요 사건을 교과 주제에 연결하였습니다.

● **한 권 안에 통합 교과적 내용을 수록했습니다.**

시대별 한국사를 정치, 경제, 사회, 문화 등 다양한 영역으로 구성하고, 왕권 위주의 역사가 아닌, 사회 흐름 변화사로 구성해서 통합 교과적 사고 능력을 키울 수 있도록 하였습니다.

● **역사적 사실을 바탕으로 역사 이야기를 구성했습니다.**

이야기의 재미를 위해 불분명한 역사적 사실로 재구성하는 것을 지양하고, 주요 사건을 역사적 사실을 바탕으로 풀어 흥미롭게 구성했습니다.

● **검증된 자료로 정리하고 다양한 문제로 확인하도록 했습니다.**

역사 이야기에서 다룬 내용을 출처가 명확한 역사 정보로 정리했고, 학교 시험이나 한국사능력검정시험에 도움이 되는 다양한 문제를 수록하여 실력을 쌓을 수 있도록 구성했습니다.

● **한국사와 관련된 세계사를 한눈에 볼 수 있도록 했습니다.**

한국사의 주요 사건이 있었던 때의 세계사나 한국사와 비슷한 일이 있었던 세계사 등 한국사를 폭넓은 관점에서 살필 수 있도록 정리했습니다.

● **다양한 시각 자료를 수록하여 역사에 현장감을 주었습니다.**

역사 이야기의 재미와 배경지식의 이해를 도울 수 있는 그림, 사진, 지도 등을 실어 읽는 이가 역사 안에 있는 것 같은 느낌을 줄 수 있도록 구성하였습니다.

세 마리 土끼 잡는 초등 한국사 는 이렇게 구성되었습니다

파트 소개

파트별(주차별) 학습 내용
한 주 학습을 하기 전에 공부할 내용을 한눈에 볼 수 있도록 내용을 간단히 정리했습니다.

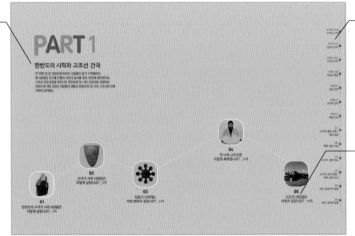

권별 연표
한 권에 수록된 시대의 주요 사건을 연도 순으로 정리했습니다.

일차 제목
하루 학습에서 알아볼 내용을 시각 자료를 통해 먼저 살펴보도록 했습니다.

이야기 속으로 1

이야기
역사적 사실을 바탕으로 한 재미있는 역사 이야기와 그림을 실었습니다.

역사 돋보기
이야기에서 중요하거나 자세히 알아볼 내용을 검증된 역사적 사실과 사진을 통해 설명했습니다.

시대 연표
이야기가 일어난 시대가 언제인지 한국사 연표에서 확인할 수 있습니다.

낱말 풀이
이야기에서 역사 용어나 어려운 낱말을 그때그때 찾아보도록 자세히 풀이했습니다.

공부하기 전에
자세히 읽고 학습 효과를
높이세요!

이야기 속으로 2

시각 자료
역사 이야기를 이해하는 데 도움이 되는 사진, 그림, 지도 등을 실었습니다.

반짝 퀴즈
이야기에서 꼭 필요한 지식과 정보를 빈칸 넣기 문제를 풀면서 살펴볼 수 있도록 구성했습니다.

핵심 개념 정리
본문에서 배운 역사 이야기의 주요 내용을 〈초등 사회〉 교과서의 내용을 토대로 정리하였습니다.

역사 쏙쏙

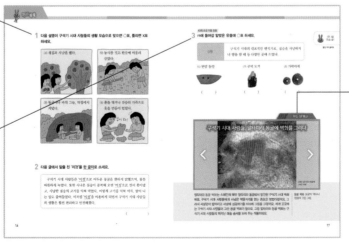

교과 문제
한국사 주요 문제나 〈초등 사회〉 교과에서 자주 출제되는 학습 문제를 실었습니다.

실력 문제
한국사능력검정시험에서 자주 출제되는 기출 문제를 응용하여 실었습니다.

카드 세계사
한국사의 주요 사건이 있었던 때에 벌어진 세계사 속 사건이나 한국사와 비슷한 일이 일어났던 세계사를 간단한 카드 형식으로 정리하였습니다.

세마리 토끼 잡는 초등 한국사의 커리큘럼

세 마리 토끼 잡는 초등 한국사 이렇게 공부하세요

1 매일매일 꾸준히 공부해요.

〈세 마리 토끼 잡는 초등 한국사〉는 매일 6쪽씩 꾸준히 공부하는 책이에요. 역사 이야기를 재미있게 읽으면서 역사적 사실을 이해하고, 실전 문제를 풀면서 실력을 확인할 수 있습니다. 공부가 끝나면 '○주 ○일 학습 끝!' 붙임 딱지를 붙여 보세요.

2 이야기에 나오는 내용을 교과서에서 찾아보아요.

하루 공부를 마치고 나면, 역사 이야기와 정리 내용을 교과서에서 찾아보세요. 역사 이야기를 재미있게 읽고 한국사를 정리하면 〈초등 사회〉 교과서의 내용을 저절로 이해할 수 있습니다.

3 더 알고 싶은 내용을 인터넷이나 다양한 책에서 찾아보아요.

본문에서 나온 내용을 더 알고 싶다면 역사 고전이나 역사 인물 이야기 등 관련된 읽을거리를 찾아 읽어 보세요. 한국사뿐 아니라 다양한 영역의 배경지식을 쌓을 수 있습니다.

재미있는 역사 이야기를
읽고 역사 지식을 쌓아서
역사 능력자가 되어 보세요!

한 주 학습표	월	화	수	목	금	토
	매일 6쪽씩 학습하고, '○주 ○일 학습 끝!' 붙임 딱지 붙이기					주요 내용 복습하기

세 마리 토끼 잡는
초등 한국사

6권 대한 제국~대한민국

PART 1

대한 제국과 일제의 침략

청일 전쟁 이후 일제는 점점 더 집요하게 조선을 침략했어요. 이에 고종은
대한 제국을 선포하고 개혁 정책을 펼쳤지요. 하지만 결국 일제에 국권을
빼앗기고 말았어요. 일제에 국권을 빼앗기게 된 과정과 국권을 되찾기 위한
노력들을 살펴봐요.

01
1주

을미사변과 아관 파천은 왜 일어났나요?

공부한 날짜: ☐월 ☐일

삼국 간섭의 진짜 이유

일본이 청일 전쟁에서 승리해 랴오둥반도를 차지하자 러시아는 프랑스, 독일과 함께 랴오둥반도를 청에 돌려주라고 일본에게 요구했어요. 이렇게 일본에 간섭한 세 나라는 서로 다른 속셈이 있었어요. 러시아는 남쪽으로 영토를 넓히는 것, 독일은 청으로부터 해군 기지를 얻어 내는 것, 프랑스는 일본이 타이완을 차지하지 못하게 막는 것이었어요.

명성 황후가 일제 무리에게 시해되다

청일 전쟁에서 승리한 일제는 조선에서 목소리를 더욱 높였어요. 명성 황후는 고종과 함께 날마다 일본의 간섭을 막을 방법을 궁리했어요.

'일본의 간섭이 심해지면 조선의 앞날도 장담할 수 없어! 조선에서 일본을 쫓아낼 방법이 없을까?'

그 무렵 러시아가 프랑스, 독일과 손잡고 일제가 청에게 빼앗은 랴오둥반도를 다시 돌려주라고 일본을 압박했어요.

'그래! 국력이 커진 러시아 세력을 끌어들이면 일본의 영향력에서 벗어날 수 있을 거야!'

명성 황후는 세계 각 나라가 움직이는 형편을 알아보고 고종에게 러시아와 외교적으로 가깝게 지내도록 조언했어요. 일제는 조선의 통치권을 빼앗는 데 걸림돌인 명성 황후가 몹시 못마땅했지요.

"명성 황후를 이대로 내버려 두어선 안 돼! 일본 제국의 앞날을 막는 저 궁궐에 있는 여우를 없애야 해!"

전하, 러시아 세력을 끌어들여 일본의 간섭을 막아 보세요.

음····

일제는 일본 관리와 칼잡이들로 무리를 조직해서 명성 황후를 몰래 시해하려는 계획, 일명 '여우 사냥' 작전을 짰어요.

건청궁 내 옥호루

1895년 10월 8일 새벽, 휘영청 뜬 달도 빛을 잃어 가는 때였어요. 경복궁에 저벅저벅 시끄러운 군화 소리가 들리더니 총포 한 발이 울려 퍼졌어요. 일제 무리가 극악한 일을 저지를 것이라는 경고였지요.

잠시 뒤 일제의 무리는 궁궐에 침입해서 호위하던 병사들을 차례로 죽였어요. 그리고 시퍼런 칼을 든 칼잡이들이 명성 황후가 지내는 건청궁에 함부로 들어가 궁녀들을 마구 죽였어요. 그리고 궁녀들 가운데에서 명성 황후를 찾아내 잔인하게 시해하고 시신을 불태우고 말았어요.

일제의 만행이 알려지자 백성들은 치를 떨었어요. 을미년에 일어난 이 끔찍한 명성 황후 시해 사건을 '을미사변'이라고 해요.

일제 '일본 제국주의' 또는 '일본 제국'을 줄인 말로, 자기 나라의 이익을 위해 여러 나라를 침략한 일본을 일컫는 말.
통치권 국민과 국토를 다스리는, 나라의 최고 지배 권리.
시해하다 왕이나 왕비 등 윗사람을 죽이다.
건청궁 경복궁 후원에 있는 궁궐로, 고종과 명성 황후의 거처로 사용되었음.
만행 야만스러운 행동.

반짝퀴즈　Q1

일제가 경복궁에 침입해 □□ □□을/를 시해한 사건을 을미사변이라고 한다.

네 이놈들!
너희들이 감히
조선의 국모에게
무슨 짓이냐?

단발령을 발표한 을미개혁

을미년이었던 1895년, 일제는 김홍집 중심의 조정을 만들어 음력을 없애고 양력을 사용할 것과 서양식 옷을 입을 것, 어른 남자들의 머리를 깎게 하는 단발령을 발표했어요.

이러한 을미개혁은 일본이 주도한 개혁이었지만 조선 사람에게 근대 문물을 받아들이게 하는 데 목적이 있었지요.

하지만 단발령은 상투를 트는 것을 효의 상징이라고 여겼던 조선 사람들에게 엄청난 충격을 주었고, 이에 백성들은 크게 분노할 수밖에 없었어요.

유학자 유학을 깊이 연구하여 높은 경지에 오른 사람.

고종, 러시아 공사관으로 피하다

을미사변이라는 국제적 범죄를 저지르고도 일제가 반성하지 않자 백성들은 몹시 화가 났어요. 여기에 백성들을 더욱 화나게 하는 사건이 벌어졌어요. 일본은 조선 정부를 앞세워 조선 남자들의 긴 머리카락을 자르게 하는 '단발령'을 내렸어요.

"뭐? 내 아버지, 어머니가 주신 머리털을 망가뜨리라는 거냐?"

부모로부터 받은 머리털을 보존하여 상투를 트는 것을 '효'라고 믿었던 백성들은 이것을 완강히 거부했어요. 일제는 고종부터 머리를 자르게 했고 백성들에게도 따라 할 것을 강요했지요.

이에 유길준 등 친일 관리들이 유학자 최익현을 잡아들여 감옥에 가두었지만 최익현은 굳건하게 단발령을 거부했어요.

"내 목은 자를 수 있어도 머리털은 자를 수 없다!"

을미사변과 단발령에 화가 난 백성들은 전국 곳곳에서 일제의 만행에 항의하는 의병을 일으키기 시작했어요.

이런 상황에서 일본의 위협을 받던 고종은 친일 관리들로 가득한 조정에서 언제 어떻게 될지 모르는 위태로운 처지였어요. 그래서 러시아 공사 베베르와 이완용 등은 비밀리에 고종을 피신시키려는 계획을 세웠어요.

1896년 2월 11일 으슥한 새벽, 경복궁 문밖으로 가마 하나가 궁궐을 바삐 빠져나갔어요. 볼품없고 평범한 가마여서 경비병들도 전혀 의심하지 않았지요. 러시아 공사관으로 향하는 가마에

3층 전망 탑과 러시아 공사관 터

아관 조선 말기에 있었던 러시아 공사관.
파천 임금이 도성을 떠나 난리를 피하는 일을 이르는 말.

는 조선의 임금인 고종이 타고 있었어요. 고종이 자신의 안전을 지키고 일본의 영향력에서 벗어나려고 러시아 공사관으로 몸을 피한 이 사건을 '아관 파천'이라고 불러요.

이때부터 고종은 러시아 공사관에서 모든 나랏일을 보았어요. 고종은 김홍집, 유길준 등 친일파 관리들을 쫓아내고, 이완용, 조병직 등 친러파 관리들로 새 내각을 꾸렸지요. 그러는 사이 조선에서 일본의 영향력은 줄어들고, 러시아의 영향력이 커졌어요. 러시아는 고종을 보호하는 대가로 조선에서 막대한 경제적 이익을 얻었답니다.

Q2
반짝퀴즈
고종이 일제의 위협을 피해 러시아 공사관으로 몸을 피한 사건은 □□□□(이)다.

[ ] [ ] [ ] [ ]

이 새벽에 누가 궁을 나가는 거지?

놔두세. 가마를 보니 궁녀 같네그려.

★을미사변과 아관 파천

- 청일 전쟁에서 승리한 일제는 조선의 정치에 깊이 간섭했다.
- 고종과 명성 황후는 러시아를 끌어들여 일본을 막으려는 외교적인 노력을 했다.
- 일본은 경복궁에 침입해 명성 황후를 시해하고 불태우는 만행 을미사변을 저질렀다(1895년).
- 고종은 일본의 영향력에서 벗어나려고 러시아 공사관으로 피신했다(아관 파천, 1896년).
- 그 결과 조선에서 일본의 영향력은 줄어들고 러시아의 영향력이 커졌다.

1 다음에서 설명하는 사건은 무엇인지 보기에서 찾아 쓰세요.

청일 전쟁에서 승리한 일제는 조선의 정치에 더욱 깊이 간섭했다. 이에 고종과 명성 황후는 러시아 세력을 끌어들이는 등 외교적 노력을 하면서 일본의 간섭을 막으려고 했다. 그러자 일본은 경복궁에 침입해 명성 황후를 시해하고 시신을 불태우는 만행을 저질렀다.

건청궁 내 옥호루

보기   단발령   아관 파천   갑신정변   을미사변

(   )

2 다음 중 고종이 러시아 공사관으로 간 까닭은 무엇입니까? (   )

어서 러시아 공사관으로 가자.

① 러시아 공사의 만찬에 초대되어서
② 일본과 러시아 사이의 싸움을 피하려고
③ 일본 공사관보다 러시아 공사관이 가까워서
④ 러시아 공사관이 지어진 건축 양식을 배우려고
⑤ 임금의 안전을 지키고 일본의 위협에서 벗어나기 위해

33회 기출 응용

3 다음 중 (개)에 들어갈 사건은 어느 것입니까? (   )

한국의 근대사				
1894년 청일 전쟁	삼국 간섭	1895년 을미사변	단발령　을미의병	1896년 (가)

① 갑신정변　　　　　② 임오군란　　　　　③ 아관 파천

④ 갑오개혁　　　　　⑤ 강화도 조약

카드 세계사

일본, 청일 전쟁에서 이기다

平壤攻擊我軍敵壘ヲ抜ク

미즈노 도시가타, 「1894년 평양 전투」

을미사변의 배경이 된 청일 전쟁(1894년)은 조선의 주도권을 사이에 두고 청과 일본 사이에 벌어졌던 국제 전쟁이에요. 조선은 동학 농민 운동을 진압하려고 청에 군대를 보내 달라고 요청했어요. 이때 요청하지 않은 일본도 군대를 보내 우리나라에서 전쟁이 벌어졌어요. 강력한 해군을 바탕으로 전쟁에서 이긴 일본은 시모노세키 조약을 맺고 조선에 대한 영향력을 키워 갔어요.

시모노세키 조약 일본이 청과 맺은 조약. 일본은 랴오둥반도를 차지하고 청에서 막대한 배상금을 받았음.

대한 제국 시기, 자주독립을 위해 어떤 노력을 했나요?

공부한 날짜: ☐월 ☐일

『독립신문』을 만들고 만민 공동회를 열다

고종이 러시아 공사관으로 간 뒤 세계 여러 나라의 간섭이 날로 심해졌어요. 조선의 뜻있는 관리들은 가만히 있을 수 없었어요.

"쯧쯧, 조선 땅에서 서양 열강들이 판을 치니 큰일이오!"

"그렇습니다. 열강의 틈바구니에서 우리가 살아남는 길은 조선이 자주국임을 알리고 백성을 단결시키는 방법밖에 없습니다."

그래서 조선 정부는 갑신정변에 실패한 뒤 미국에 가 있던 서재필에게 조선으로 돌아오라고 부탁했어요. 조선에 돌아온 서재필은 정부의 지원을 받아서 『독립신문』을 창간했어요. 서재필은 『독립신문』에 나라 안팎의 소식을 싣고, 조선이 자주독립해야 한다는 뜻을 펼쳤지요.

서재필

"참 신기하구먼. 이 작은 종이 속에 세상이 다 들어 있네!"

백성은 『독립신문』을 읽으며 세상이 돌아가는 모습에 눈을 떴어요.

독립 의지를 밝힌 『독립신문』

서재필이 조선 정부의 지원금을 받아 만든 한국 최초의 민간 신문이에요. 총 4면 가운데 3면은 백성들이 읽기 쉬운 한글로, 나머지 1면은 외국인들을 위해 영문으로 냈어요. 『독립신문』은 백성들 사이에서 큰 인기를 끌어 주 3회만 내다가 일요일만 빼고 매일 내는 신문이 되었어요.

『독립신문』

철컹

철컹

『독립신문』을 만든 서재필은 백성에게 조선이 자주독립한 나라라는 자부심을 갖게 하고 싶었어요. 그래서 개화파 정부 관리들을 중심으로 독립 협회를 만들었지요.

"동지들, 한양 한복판에 청의 사신을 맞이하던 영은문이 아직까지 남아 있다는 게 말이나 됩니까?"

"옳은 말이오."

독립 협회는 백성의 자주독립 의식을 높이려고 청의 사신을 맞이하던 영은문이 있던 자리에 조선의 독립을 상징하는 '독립문'을 세웠어요. 독립문을 세우는 데 필요한 돈은 백성의 쌈짓돈으로 성금을 모아 마련했어요.

영은문이 있던 터에 세워진 독립문

독립 협회는 만민 공동회라는 민중 집회를 열어서 조선 백성이면 누구나 사회 문제에 대해 자신의 생각을 말할 수 있게 했어요. 이곳에서는 양반도, 상민도, 남자도, 여자도 모두 동등하게 정부의 정책과 사회 제도를 비판하고 토론할 수 있었어요. 하지만 일부 조선의 관리들은 자신의 자리가 위태로워질까 봐 걱정하며 못마땅하게 바라보았답니다.

열강 列(벌일 열), 強(굳셀 강)이 합쳐진 말로, 여러 강한 나라를 뜻함.

창간하다 신문, 잡지 등이 첫 번째 호를 펴내다.

개화파 개화를 주장하는 사람들의 집단.

독립 협회 1896년 서울에서 만들어진 한국 최초의 근대적인 사회·정치 단체. 국권을 지키고 근대 국가를 이루려는 근대화 운동을 벌였음.

만민 공동회 독립 협회가 중심이 되어 조선 정부의 관리, 독립 협회 회원, 서울에 사는 백성들이 참여한 민중 집회.

집회 여러 사람이 어떤 목적을 위하여 일시적으로 모임. 또는 그런 모임.

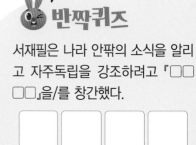

반짝퀴즈 Q1

서재필은 나라 안팎의 소식을 알리고 자주독립을 강조하려고 『□□□□』을/를 창간했다.

우리 여성도 남성과 똑같이 배울 수 있어야 합니다.

옳소!

옳소이다!

고종, 대한 제국의 황제가 되다

백성의 자주독립 의지가 높아지면서 고종이 다시 궁궐로 돌아와야 한다는 목소리도 커졌어요. 마침내 고종은 러시아 공사관으로 간 지 일 년 만에 경운궁에 돌아왔어요. 경운궁 창가에 선 고종의 모습은 초라했어요.

'조선의 임금이지만 세계열강에 맞설 힘이 부족해! 힘이 있는 새 나라를 만들어 황제의 힘으로 세계열강들과 맞선다면 그들과 어깨를 나란히 할 수 있지 않을까?'

생각을 마친 고종은 성대한 황제 즉위식을 준비했어요. 1897년, 고종은 수많은 백성과 세계 각국의 외교관들이 지켜보는 가운데 황제의 모습으로 등장했어요. 그리고 하늘에 제사를 지내기 위해 지은 환구단에서 자신이 황제가 되었음을 공식적으로 선포했어요.

고종 황제 즉위 당시 환구단

"이 나라는 이제부터 황제의 나라 대한 제국이라고 할 것이다."

황제의 자리에 오른 고종은 나라의 이름도 '대한 제국'으로 바꾸었지요. 그리고 나라 안팎에 대한 제국은 황제가 다스리는 자주독립국임을 보여 주었어요.

대한 제국 탄생지, 환구단

환구단은 황제가 하늘에 제사를 지내는 곳이에요. 조선 초에는 중국을 큰 나라로 섬겼기 때문에 조선의 왕은 하늘에 제사를 지낼 수 없었어요. 그러나 고종은 이곳에서 제사를 지내면서 대한 제국이 자주독립국이라는 것을 세계에 보여 주었어요. 대한 제국 탄생의 상징이던 환구단은 일제 강점기에 강제로 헐리고 지금은 부속 건물인 황궁우와 조각품인 석고단 같은 시설들만 남아 있답니다.

하늘과 땅의 신령을 모신 황궁우

즉위식 임금이나 황제의 자리에 오르는 것을 백성과 조상에게 알리려고 치르는 의식.

20

대한 제국의 황제가 된 고종은 연호를 광무로 바꾸고 사회 여러 분야에 걸쳐 근대적인 개혁을 벌였어요.

고종은 먼저 전국의 토지를 조사하고 토지의 넓이와 곡식의 수확량을 파악해서 나라의 수입을 늘리려고 했어요. 또, 산업과 기술을 발전시키려고 힘썼어요. 전등과 전화, 철도와 전차 같은 여러 가지 근대 시설도 마련했어요. 이를 바탕으로 상업과 공업이 발달할 수 있게 조선 정부가 스스로 공장을 만들었어요. 개인이 회사를 세울 때는 나라에서 지원도 해 주었지요.

"나라의 발전을 위해 학교를 세워 훌륭한 인재를 길러라!"

고종은 학교를 많이 세워서 인재를 길러 내는 한편, 외국에 유학생을 보내 앞선 과학 기술을 배우게 했어요.

그러나 고종의 개혁은 황제의 권리를 강하게 만드는 데 목표를 두어 백

이화 학당 학생들의 수업 광경

성에게는 먼 나라 이야기처럼 들렸어요. 게다가 백성과 독립 협회의 목소리를 조선 정부에 잘못 전달하는 세력도 있었지요. 그래서 고종의 개혁은 큰 성과를 거두지 못했어요.

연호 임금이 즉위한 해에 붙이던 이름.

Q2

반짝퀴즈

아관 파천 이후 고종은 황제가 되어 나라 이름을 ☐☐ ☐☐(으)로 바꾸었다.

☐ ☐ ☐ ☐

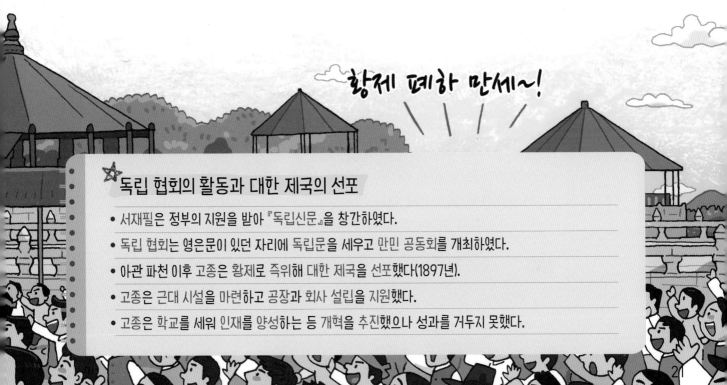

황제 폐하 만세~!

⭐ **독립 협회의 활동과 대한 제국의 선포**

- 서재필은 정부의 지원을 받아 『독립신문』을 창간하였다.
- 독립 협회는 영은문이 있던 자리에 독립문을 세우고 만민 공동회를 개최하였다.
- 아관 파천 이후 고종은 황제로 즉위해 대한 제국을 선포했다(1897년).
- 고종은 근대 시설을 마련하고 공장과 회사 설립을 지원했다.
- 고종은 학교를 세워 인재를 양성하는 등 개혁을 추진했으나 성과를 거두지 못했다.

1 다음 신문에 대한 설명으로 맞으면 ○표, 틀리면 X표 하세요.

「독립신문」

(1) 서재필이 처음으로 창간했다. (　　　)

(2) 백성이 쉽게 읽을 수 있도록 4면 모두 영문으로 냈다. (　　　)

(3) 정부의 지원 없이 백성이 돈을 모아 신문을 발행했다. (　　　)

(4) 나라 안팎의 소식과 조선이 자주독립해야 한다는 뜻을 백성에게 알렸다. (　　　)

2 다음에서 설명하는 단체의 이름을 보기 에서 찾아 쓰세요.

- 서재필을 중심으로 개화파 정부 관리들이 참여해 만들어진 단체였다.
- 백성의 자주독립 의식을 높이기 위해 독립문을 세웠다.
- 만민 공동회를 열어 백성이 자신의 생각을 자유롭게 표현하게 했다.

독립문

보기 　　황국 협회　　　　　독립 협회　　　　　동학 농민군

(　　　　　)

3 다음 ㈎에 들어갈 내용은 무엇입니까? (   )

○○ 방송 특별 기획

㈎

－고종, 환구단에서 황제 즉위식을 거행하다－

① 갑오개혁   ② 위화도 회군   ③ 집현전 설치
④ 만민 공동회   ⑤ 대한 제국 선포

1주 2일
학습 끝!

붙임 딱지 붙여요.

카드 세계사

청, 변법자강 운동이 일어나다

고종이 대한 제국을 선포하고 개혁을 해 나갈 무렵 청에는 변법자강 운동(1898년)이 일어났어요. 캉유웨이를 중심으로 한 개혁가들은 서양 열강들의 간섭에 맞서 법과 제도를 바꾸는 개혁을 벌였어요. 과거제를 바꾸어 실력 있는 인재를 뽑고, 상공업을 키우려고 했지요. 중국 각지에 최신식 학교를 세우고 신문과 잡지를 내기도 했어요. 하지만 서태후 세력이 반발하면서 백 일 만에 끝나 버렸어요.

변법자강 운동 법을 고쳐 스스로 강해져야 한다는 뜻의 개혁 운동.

우리 민족은 을사늑약에 어떻게 저항했나요?

공부한 날짜: ☐ 월 ☐ 일

일본의 독도 침탈

일본은 러일 전쟁을 치르면서 우리나라 땅인 독도를 군사 기지로 사용했어요. 그뿐 아니라 1905년에는 독도를 '다케시마'라고 부르며 일본 영토에 포함시켰지요. 그러나 당시 일본에 짓눌려 있던 대한 제국은 아무 힘을 쓸 수 없었어요. 독도는 우리나라가 해방을 맞은 다음 대한민국의 영토로 되돌아왔어요.

독도

자주권 아무런 속박이나 간섭을 받지 아니하고 스스로의 문제를 스스로 결정하고 처리할 수 있는 권리.
특사 특별한 임무를 띠고 파견하는 사절.
근대화되다 근대적인 상태가 되다.

일제가 강제로 조약을 체결하다

대한 제국은 서양의 나라들과 외교 활동을 하며 자주권을 지키려고 노력했어요. 하지만 대한 제국을 둘러싼 국제 상황은 심상치 않았어요. 호시탐탐 한반도를 노리던 러시아와 일본이 대한 제국의 지배권을 놓고 전쟁을 벌였어요. 이 전쟁에서 승리한 일본은 대한 제국에 새로운 조약을 맺자며 특사로 이토 히로부미를 보냈어요.

1905년 11월, 이토 히로부미는 조선의 지배권을 얻으려는 조약을 체결하기 위해 일본군을 앞세우고 경운궁에 왔어요.

"대한 제국은 아직 미개하고 근대화되지 못했소. 그러니 조약을 맺고 우리 일본 제국에게 외교권을 넘기시오."

고종이 조약을 완강히 거부하자 이토 히로부미는 대한 제국의 관리들을 불러 모았어요. 그리고 총칼을 든 군인들로 회의 장소인 중명전을

을사늑약을 체결했던 중명전(서울 덕수궁)

에워싼 채 외교권을 빼앗는 조약에 찬성하라고 대한 제국의 관리들을 협박했어요.

일부 대신들은 끝까지 버텼지만 이완용, 이지용, 박제순, 이근택, 권중현 등은 조약을 맺는 데 찬성하고 말았어요. 이 조약을 '을사늑약(1905년)'이라고 해요.

통감 대한 제국 때 일제가 설치한 통감부의 장관.
국서 한 나라를 다스리는 사람이 국가의 이름으로 보내는 외교 문서.

[을사늑약 조항]

1. 일본 정부는 한국의 외교에 관한 모든 사무를 지휘하고 감독한다.
2. 한국은 일본 정부를 거치지 않고 외국과의 조약을 절대로 맺을 수 없다.
3. 일본 정부는 한국 황제의 밑에 통감을 두어 외교에 관한 사항을 관리하고 한국 황제를 친히 만날 권리를 갖는다.

을사늑약을 맺은 대한 제국은 외교권을 빼앗겼고 일제는 통감부를 세워 대한 제국을 간섭하기 시작했어요.

"아니, 어찌 이런 일이! 황제 몰래 한 조약도 조약이더냐?"

고종은 을사늑약을 맺은 다음 날부터 조약 내용이 무효라는 국서를 써서 국제 사회에 을사늑약이 무효임을 알리려고 노력했어요.

그러나 고종의 이와 같은 노력에도 불구하고 국제 사회의 반응은 차가웠어요. 대한 제국은 사실상 국권을 잃은 채 저물어 가고 있었어요.

반짝퀴즈 Q1

일제가 대한 제국의 외교권을 빼앗기 위해 강제로 체결한 조약은 □□□□(이)다.

□ □ □ □

을사늑약에 강렬히 저항하다

을사늑약의 문제점

당시 일본이 군대를 동원해 강제로 맺게 했던 을사늑약은 문제가 많은 조약이었어요. 을사늑약의 문서에는 조약의 제목조차 없고 조약의 공식 명칭이 들어가야 할 첫 줄은 비어 있었어요.

또 절차도 제대로 지켜지지 않았을뿐더러 일본은 외부대신의 도장을 훔쳐서 문서에 찍었어요. 이것만 보아도 얼마나 문제가 많은 조약이었는지 알 수 있어요.

을사늑약 문서

속국 법적으로는 독립국이지만, 실제로는 정치나 경제, 군사 면에서 다른 나라에 지배되고 있는 나라.

마침내 대한 제국이 일본과 을사늑약을 맺었다는 소식이 백성들에게까지 전해졌어요. 을사늑약 체결 소식이 알려지면서 온 나라에서 을사늑약에 반대하는 운동이 일어났지요. 대한 제국 정부에는 조약을 깨자는 관리와 양반 유생들의 상소가 빗발쳤어요.

"폐하, 을사늑약은 말도 안 되는 조약입니다. 대한 제국이 일본의 속국이 될 것이옵니다. 당장 이 조약을 없애야 합니다."

상인들은 을사늑약에 저항하는 뜻으로 가게 문을 닫았고, 학생들은 학교에 가지 않고 일본을 규탄했어요.

『황성신문』, 『대한매일신보』 같은 신문들도 앞장서서 반대 의견을 밝혔어요. 장지연은 『황성신문』에 「시일야방성대곡(이날에 목놓아 크게 우노라.)」이라는 글을 실어 을사늑약의 부당함을 알렸어요. 장지연의 글은 분노와 슬픔으로 가득한 백성을 하나로 묶어 일본과 맞서 싸우도록 일으켜 세웠어요.

또, 많은 사람이 나라 잃은 치욕과 슬픔에 죽음을 택하며 을사늑약에 반대하는 뜻을 나타냈어요. 황족이었던 민영환은 을사늑약에 반대해 유서를 쓰고 스스로 목숨을 끊었어요.

26

민영환

오호! 나라의 치욕과 백성의 욕됨이 이에 이르렀으니 …… 나는 죽음으로써 황제의 은혜에 보답하고 우리 동포 형제에게 사죄하려 하노라. …… 동포 형제들은 천만 배 기운 내 힘쓰고 의지를 굳게 하고 학문에 힘쓰며 한마음으로 힘을 다해 우리의 자유 독립을 회복하면 죽어서라도 마땅히 저세상에서 기뻐 웃으리라. 오호! 조금도 실망하지 말지어다. 대한 제국 2천만 동포에게 죽음을 고하노라.

– 민영환, 「경고 대한 2천만 동포 유서」

규탄하다 잘못이나 옳지 못한 일을 따지고 나무라다.
시일야방성대곡 1905년 을사조약이 체결된 것을 슬퍼하여 장지연이 민족적 울분을 표현한 논설.
항일 운동 일본 제국주의의 침략에 대한 저항 운동.
을사오적 을사늑약에 찬성해 서명한 다섯 명의 대신. 학부대신 이완용, 내부대신 이지용, 외부대신 박제순, 군부대신 이근택, 농상공부대신 권중현 등임.
저격하다 일정한 대상을 노려서 치거나 총을 쏘다.

특히 민영환의 죽음은 온 백성에게 충격을 주어 항일 운동을 북돋워 주었어요. 을사늑약에 반대하는 사람들은 을사오적을 처단하기 위해 암살단을 만들어서 활동하기도 했지요. 일본의 입장을 편들어 주었던 외교관 스티븐슨을 저격한 사람들도 있었어요. 백성은 저마다의 방법을 찾아 일본에 저항하기 시작했어요.

Q2

반짝퀴즈

□□□은/는 을사늑약 체결에 반대해 유서를 쓰고 목숨을 끊었다.

을사늑약은 일본이 강제로 맺은 조약이니 무효야!

상소문

★ 을사늑약과 민족의 저항

• 대한 제국은 자주권을 지키려고 노력했으나 러일 전쟁에서 승리한 일본의 간섭은 점점 더 심해졌다.
• 고종이 완강히 거부했지만 일제는 외교권을 빼앗는 조약을 강제로 체결했다(을사늑약, 1905년).
• 고종은 을사늑약이 무효임을 국제 사회에 알리려고 노력했으나 성과를 거두지 못했다.
• 장지연은 『황성신문』에 「시일야방성대곡」을 실어 을사늑약의 부당함을 알렸다.
• 민영환은 을사늑약 체결에 반대해 유서를 쓰고 목숨을 끊었다.

1 ㈎~㈐의 사건이 일어난 차례대로 기호를 쓰세요.

을사늑약 문서

㈎ 고종이 완강히 거부했지만 일제는 외교 권을 빼앗는 조약을 강제로 체결했다.

㈏ 고종은 을사늑약이 무효임을 국제 사회 에 알리고자 노력했으나 성과를 거두지 못했다.

㈐ 러시아와의 전쟁에서 승리한 일제는 대 한 제국의 정치에 더 많이 간섭했다.

(   ) ➡ (   ) ➡ (   )

2 을사늑약에 반대하여 다음과 같은 유서를 쓰고 목숨을 끊은 인물은 누구입니까? (   )

오호! 나라의 치욕과 백성의 욕됨이 이에 이르렀으니 …… 동포 형제들은 천만 배 기운 내 힘쓰고 의지를 굳게 하고 학문에 힘쓰며 한마음으로 힘을 다해 우리의 자유 독립을 회복하면 죽어서도 마땅히 저세상에서 기뻐 웃으리라. 오호! 조금도 실망하지 말지어다. 대한 제국 2천만 동포에게 죽음을 고하노라.

① 장지연   ② 서재필   ③ 민영환   ④ 이완용   ⑤ 김홍집

35회 기출 응용

3 (가)~(라) 중 밑줄 친 '조약'이 체결된 시기를 골라 기호를 쓰세요. (   )

여기가 중명전이구나.

일제가 우리나라의 외교권을 뺏으려고 강제로 <u>조약</u>을 맺은 곳이에요.

1871	1882	1895	1904	1910
	(가)	(나)	(다)	(라)
신미양요	임오군란	을미사변	러일 전쟁	국권 피탈

카드 세계사

러시아와 일본이 전쟁을 벌이다

요사이 노부카즈, 「압록강 회전」

을사늑약의 배경이 된 러일 전쟁(1904년)은 러시아와 일본이 한반도와 만주의 주도권을 두고 충돌한 전쟁이에요. 만주를 비롯한 동아시아 대륙을 두고 러시아는 남쪽으로, 일본은 북쪽으로 세력을 넓히려고 하니, 두 나라는 충돌할 수밖에 없었어요. 일본이 러시아 군함을 기습 공격하면서 시작된 전쟁은 일본의 승리로 끝났어요. 러시아는 포츠머스 조약을 맺고 대한 제국의 지배권을 포기했어요.

포츠머스 조약 1905년 러일 전쟁 후 맺은 조약. 일본이 한반도, 만주, 사할린 남부 지역을 차지함.

고종은 왜 헤이그에 특사를 보냈나요?

공부한 날짜: ☐월 ☐일

헤이그 특사와 각국의 반응
헤이그에 도착한 대한 제국의 특사들은 회의 참석을 거부당했어요. 당시 미국과 영국은 일본과 조약을 맺어 일본에 우리나라의 보호 권한을 주었어요. 러시아 역시 일본과 비밀 협약을 맺었기 때문에 일본의 편을 들었지요. 그래서 서구 열강들은 대한 제국의 특사 활동에 차가울 수밖에 없었어요. 특사들은 이에 굴하지 않고 여러 나라의 주요 인물들이 모인 자리에서 연설을 하기도 했어요.

만국 평화 회의 러시아 황제 니콜라이 2세의 제창으로 세계 평화를 도모하기 위하여 개최된 국제회의.

헤이그 특사들, 만국 평화 회의에 가다

고종은 세계 각국에 을사늑약의 부당함을 알리려고 노력했지만, 별다른 호응을 얻지 못했어요. 그러다가 고종은 네덜란드 헤이그에서 만국 평화 회의가 열린다는 소식을 듣게 됐어요.

'만국 평화 회의는 세계 여러 나라를 대표하는 사람들이 모이는 자리야. 그곳에 특사를 보내어 을사늑약이 무효임을 알려야겠어!'

고종은 비밀리에 이준, 이상설, 이위종을 특사로 임명하고, 헤이그 만국 평화 회의에서 을사늑약의 부당함을 알리라는 명을 내렸어요.

특사들은 대한 제국의 간절한 소망을 너무나 잘 알고 있었지요.

"을사늑약이 무효라는 것을 세계 만방에 알리기 전에는 돌아오지 맙시다!"

"그럼요, 당연히 그래야지요!"

만국 평화 회의에 가는 길은 러시아 횡단 열차를 타고 가는 65일간의 힘든 여행이었지만 특사단의 결연한 의지를 꺾지는 못했어요.

30

마침내 헤이그에 도착한 특사들은 공식 활동에 들어갔어요. 특사들은 제일 먼저 을사늑약의 부당함을 담은 문서를 40여 개 참가국 대표들에게 전달했어요. 이 모습을 보게 된 일본 대표들은 방해 공작을 펼치기 시작했지요.

회의에 참가하려는 특사들은 의장이었던 러시아 대표를 방문했지만 만나 주지 않았어요. 특사들은 다시 네덜란드 외무대신에게 도움을 청했지만 회의에 참가할 수 없다는 답변만 돌아왔지요.

결국 특사들은 회의장에 입장하지 못했어요. 너무도 원통했지만 다음 날도, 그다음 날도 회의장에 들어가지 못했어요. 특사들은 회의장 앞에서 일본의 만행을 알렸지만 상황은 변하지 않았어요.

"아, 분하다! 특사의 임무를 이루지 못하고 이대로 고국으로 돌아갈 수는 없어!"

이준은 억울함을 참지 못하고 결국 헤이그에서 생을 마감하고 말았어요. 하지만 이상설과 이위종은 끝까지 을사늑약의 부당성을 알리는 일을 멈추지 않았어요.

헤이그 특사 이준, 이상설, 이위종

방해 공작 남의 일을 간섭하고 막아 해를 끼치기 위하여 비밀리에 일을 꾸밈.
부당성 이치에 맞지 않음.

Q1

반짝퀴즈

고종은 을사늑약이 무효임을 알리기 위해 □□□에 이준, 이상설, 이위종을 특사로 파견했다.

□ □ □

흐흐, 우리 뜻대로 잘되고 있군.

고종이 퇴위하고 군대가 해산되다

헤이그 특사 사건을 알게 된 일본 통감 이토 히로부미는 고종을 협박했어요. 황제 자리를 내려놓지 않으면 대한 제국과 전쟁을 하겠다고 큰소리를 쳤지요. 고종은 일제의 부당한 요구에 물러날 수 없다고 끝까지 버텼어요.

"폐하, 나라와 민족을 위해 한 발 물러나셔야 합니다. 황제의 자리를 황태자에게 물려주시고 섭정을 펼치소서."

일본뿐 아니라 친일 관리들도 고종을 압박해 왔어요. 결국 고종은 강제로 황제의 자리에서 물러났어요. 고종이 물러나자 아들인 순종이 황제가 되었어요.

일본은 황제가 된 순종에게 '한일 신협약'이라는 새로운 조약을 맺도록 강요했어요. 이 조약을 바탕으로 일본은 대한 제국의 군대를 해산시켰어요. 이후 대한 제국은 사법권과 경찰권까지 차례로 빼앗겨 사실상 국가로서의 지위를 잃게 되었어요.

이렇게 하나둘씩 대한 제국의 권리를 빼앗아 간 일제는 1910년 8월 29일 대한 제국을 점령하고 식민지로 만들었어요.

통감부

러일 전쟁에서 승리한 일제가 대한 제국을 완전히 다스리려는 목적으로 설치한 감독 기관이에요. 일제는 통감부를 설치해 대한 제국을 식민지로 만들기 위한 예비 작업을 했어요. 초대 통감이었던 이토 히로부미 이후 세 명의 통감은 대한 제국의 외교 업무를 대신 처리하고 대한 제국의 정치에도 간섭했어요.

섭정 군주가 직접 통치할 수 없을 때 군주를 대신하여 나라를 다스림.
사법권 민사, 형사, 행정에 관한 재판을 할 수 있는 권리.
경찰권 공공의 질서를 유지하려고 국민에게 명령하거나 강제할 수 있는 권한.
식민지 정치적, 경제적으로 다른 나라에 속해 있어 국가로서의 주권을 상실한 나라.

우리나라 역사상 처음으로 국권을 잃어버린 치욕의 날이었어요.

그해에 데라우치가 우리나라에 통감으로 오게 되었어요.

"이완용 대감, 이제 대한 제국과 일본이 하나가 되어야 하지 않겠
소? 이를 조약으로 확실히 하려는데 대감의 생각은 어떻소?"

"물론이외다. 대한 제국도 일본 제국처럼 훌륭한 나라가 되어야지
요. 그런 조약이라면 당장이라도 맺겠소이다."

데라우치는 대한 제국의 총리대신이었던 이완용과 한일 병합 조약
을 맺었어요. 이 조약은 대한 제국 황제가 일본 황제에게 통치권을
완전히 넘긴다는 내용이었어요. 이 조약을 바탕으로 일본은 대한
제국을 강제로 병합하고 식민지로 삼았어요. 우리나라에 기나
긴 일제 강점기가 시작되었지요.

총리대신 대한 제국 때, 내각
의 으뜸이 되는 자리인 국무
총리를 이르던 말.
한일 병합 조약 1910년 일본
제국주의가 대한 제국을 완전
한 식민지로 만들기 위해 강
제로 체결한 조약.

Q2

🐰✨ **반짝퀴즈**

헤이그 특사 파견 후 일본은 고종
을 퇴위시키고 대한 제국의 □□
을/를 해산시켰다.

이제 조선은
일본 제국과
하나가 되었소.

저도
기쁩니다.

꾹

⭐ 헤이그 특사와 일제의 국권 침탈

- 고종은 을사늑약이 무효임을 국제 사회에 알리고자 헤이그에 특사(이준, 이상설, 이위종)를 파견했다.
- 헤이그 특사 파견을 구실로 고종 황제가 강제로 퇴위하고 순종이 황제가 되었다.
- 일제는 순종에게 한일 신협약을 맺게 하고 이 조약을 바탕으로 군대를 해산시켰다.
- 대한 제국은 사법권과 경찰권을 차례로 빼앗겼다(한일 병합 조약, 1910년).
- 대한 제국은 국권을 잃어버리고 일본의 식민지가 되었다.

1 다음에서 설명하는 사건은 무엇입니까? (   )

이준, 이상설, 이위종

고종은 네덜란드에서 만국 평화 회의가 열린다는 소식을 들었다. 그래서 이준, 이상설, 이위종을 이곳에 보내 을사늑약이 무효임을 국제 사회에 알리려고 했다.

① 한일 신협약
② 대한 제국 선포
③ 동학 농민 운동
④ 고종 강제 퇴위
⑤ 헤이그 특사 파견

2 다음 가로 열쇠와 세로 열쇠를 풀어 빈칸에 쓰세요.

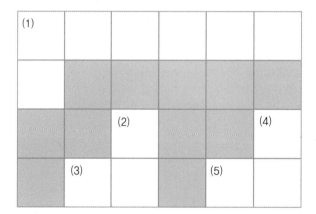

가로 열쇠

(1) 일본에서 파견한 초대 통감으로 을사늑약을 맺게 만든 사람.

(3) 특별한 임무를 띠고 파견하는 사절.

(5) 고종의 아들. 고종이 황제에서 물러나자 다음 황제가 되었음.

세로 열쇠

(1) 헤이그 특사로 만국 평화 회의에 갔다가 숨진 항일 운동가.

(2) 나라를 위해 몸을 바쳐 일하려는 사람. 안중근 ○○.

(4) 을사늑약이 무효임을 알리기 위해 헤이그에 특사를 파견한 사람.

3 다음 가상 일기를 통해 알 수 있는 사건의 배경에 ○표 하세요.

1주 4일
학습 끝!

붙임 딱지 붙여요.

○○○○년 ○○월 ○○일
황제 폐하의 특사로서 이곳 네덜란드 헤이그에 도착하였다.
나의 임무는 만국 평화 회의에 참석하여 우리나라의 상황을
세계에 알리는 것이다. 이제부터 여러 나라의 대표들을 만나
도움을 요청해 보아야겠다.

(1) 고종이 황제가 되었다. (   )   (2) 독립 협회를 만들었다. (   )

(3) 러일 전쟁이 일어났다. (   )   (4) 을사늑약이 체결되었다. (   )

카드 세계사

영국, 프랑스, 러시아가 삼국 협상을 맺다

고종이 헤이그에 특사를 파견할 무렵, 유럽에는 영국과 프랑스, 러시아가 독일에
맞서려고 협상을 맺었어요. 당시 독일을 다스린 빌헬름 2세는 외교 정책을 바꾸어
러시아와의 동맹을 깨고 영국을 따라잡으려고 해군을 늘려 세력을 키웠어요. 이에
세 나라는 독일의 세력이 커지는 것을 억누르고 감시하려고 협상 형식으로 동맹을
맺었어요. 그래서 이것을 '삼국 협상'이라고 불러요.

협상 둘 이상의 나라가 외
교 문서로 어떤 일에 대해
약속하는 일.
동맹 둘 이상의 나라가 서
로의 이익을 위해 동일하
게 행동하기로 맺는 약속.

05
1주

항일 의병 운동은 어떻게 전개되었나요?

공부한 날짜: ☐월 ☐일

★★ 을미의병

1895년, 을미사변과 단발령에 분노한 유생들이 일으킨 의병이에요. 의병 항쟁은 유인석, 이소응 등의 유생들이 중심이 되고 농민들이 힘을 합하면서 일어났어요. 이들은 국모를 죽인 원수에 대한 복수를 외치며 전국 각지에서 일본 침략군과 일본인을 공격했어요. 또, 일본 편에 서서 단발을 강요하던 친일 관리들도 처단했지요. 아관 파천 이후 고종이 단발령을 거두고 의병들에게 흩어질 것을 권유하자 대부분 스스로 흩어졌어요.

관군 고려·조선 시대에 국가에 소속되어 있던 정규 군대.
쓰시마섬 일본 나가사키현에 딸린 섬.

전국에서 의병이 다시 일어나다

일제에 대항해서 일어난 의병은 을미사변 후 단발령이 내려지자 이에 반발하는 지방 유생과 농민들을 중심으로 처음 일어났어요. 이 의병들은 고종이 러시아 공사관으로 거처를 옮기면서 해산 명령을 내리자 스스로 흩어졌지요.

그런데 을사늑약이 강제로 체결됐다는 소식을 듣고 전국 각지에서 의병들이 다시 일어났어요. 유학자 최익현은 을사늑약이 체결된 직후 전라도에서 제자들을 모아 의병을 일으켰어요.

"스승님, 저희도 스승님을 따르겠습니다."

"맞습니다. 마땅히 의병이 되어 나라를 구하겠습니다."

최익현이 일으킨 의병들은 정읍과 순창을 거치면서 크게 불어났어요. 최익현과 의병들은 남원에 이르러 관군과 마주치자, 같은 민족끼리는 싸울 수 없다며 싸움을 멈추었어요. 그리고 일제에 체포되어 쓰시마섬으로 끌려갔어요.

이 시기에 활동한 의병장은 대부분 양반이었지만 신돌석과 같은 평민 출신의 의병장들도 등장했어요.

"여러분, 왜놈들이 황제 폐하를 협박하여 우리나라를 차지하려 하오. 이 땅에서 왜놈들을 몰아냅시다!"

"옳소. 우리가 일어섭시다!"

신돌석은 태백산을 무대로 강원도, 경상도, 충청도를 동에 번쩍, 서에 번쩍 돌아다니며 일

신돌석 기록화

본군을 무찔렀어요. 이런 활약 덕분에 '태백산 호랑이'라는 별명도 얻었지요. 일제는 신돌석 의병대의 주둔지를 도저히 찾지 못하자 신돌석에게 현상금을 걸었어요.

'아, 분하다! 하지만 나 때문에 의병들이 위험해지면 안 돼!'

일본군의 대규모 작전이 펼쳐지자 무기와 식량을 구하기도 어려웠어요. 신돌석은 잠시 활동을 멈추기로 하고 의병들을 돌려보냈어요. 이후 고향 근처 마을에 내려갔던 신돌석은 현상금을 노린 부하에게 어처구니없는 죽음을 당했어요. 신돌석은 죽었지만 나라를 위하는 그의 마음은 다른 의병들에게 계속 이어졌어요.

태백산 호랑이 평민 출신 의병장 신돌석의 별명. 무예가 출중하고 택견과 같은 맨손 무예의 명수였음.
주둔지 군대가 임무 수행을 위해 얼마 동안 머무르는 곳.
현상금 무엇을 모집하거나 구하는 일, 사람을 찾는 일 등에 내건 돈.

반짝퀴즈 Q1

신돌석은 강원도, 경상도, 충청도에서 활약해 '□□□ 호랑이'라고 불렸다.

□ □ □

37

서울 진공 작전의 실패 이유

의병들이 힘을 합쳐 13도 창의군을 만들었지만 서울 진공 작전은 성공하지 못했어요. 작전이 시작되기 전 총대장 이인영이 아버지의 사망 소식을 듣고, 고향 문경으로 돌아갔어요. 또 양반 유생 중심의 의병 지도자들이 평민 출신의 의병장들을 제외하면서 의병 지도자들 사이에도 분열이 생겼어요. 이인영에 이어 총대장이 된 허위는 약 1만여 명의 의병을 이끌고 서울을 향해 동대문 밖 30리까지 진격했지만 일본군의 강력한 저항에 밀려 후퇴하며 서울 진공 작전은 실패했어요.

무장하다 전투에 필요한 장비를 갖추다.

영원한 의병을 다짐하다

을사늑약을 반대하는 의병은 전국적으로 그 수를 헤아리기 힘들 정도로 많았어요. 하지만 신식 무기로 무장한 일본군에 맞서기에는 턱없이 힘이 모자라 결국 패하고 말았지요.

1907년, 고종이 강제로 황제 자리에서 물러나고 대한 제국의 군대가 해산되자 또다시 전국적으로 의병이 거세게 일어났어요. 전국 각지의 유생, 농민과 상인, 나이 어린 소년과 여자에 이르기까지 다양한 계층의 사람들이 너 나 할 것 없이 의병 운동에 앞장섰어요. 해산당한 대한 제국의 군인과 경찰이 합류하면서 무기와 잘 훈련된 군인까지 갖춘 의병은 일제에 큰 위협이 되었어요.

"우린 어차피 싸우다 죽겠지요. 그러나 좋습니다. 일본의 노예가 되어 사느니, 자유민으로 싸우다 죽는 것이 훨씬 낫습니다."

죽음을 각오한 의병들의 눈동자는 나라를 구하려는 의지로 반짝거렸고 표정은 자신만만했어요.

외국인 기자 매킨지가 찍은 항일 의병

앗!

의병들의 힘이 커지자 의병 지도자들은 일제를 몰아내려면 의병들이 힘을 합쳐야 한다고 생각했어요.

"전국 13도의 의병을 모으면 1만 명이나 되니 경북 이인영 장군을 중심으로 연합해 일제에 맞서 싸웁시다!"

그 결과 이인영과 허위를 중심으로 의병 연합군인 13도 창의군이 만들어졌어요. 경기도

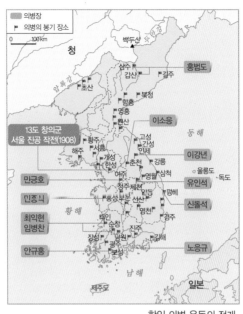
항일 의병 운동의 전개

양주에 모두 모인 13도 창의군은 총대장 허위의 지휘 아래 서울 동대문 밖 30리 앞까지 나갔어요. 그러나 일제의 신식 무기와 수많은 병력에 막혀 실패하고 말았어요. 이를 서울 진공 작전이라고 해요.

서울 진공 작전은 실패했지만 의병 운동이 계속되자 일본군은 대규모 군대를 보내 의병 운동을 탄압했어요. 많은 의병들이 일본군의 공격에 다치거나 죽었어요. 살아남은 의병들은 만주나 연해주 같은 새로운 활동 무대를 찾아 떠나게 되었어요.

총대장 군대 전체를 지휘하는 우두머리.
서울 진공 작전 항일 의병들이 서울로 진격하여 일제를 몰아내고자 했던 작전.
연해주 러시아의 동남쪽 끝에 있는 지방. 두만강을 사이로 우리나라와 국경을 이루었음.

반짝퀴즈 Q2
전국 의병 연합군인 13도 창의군은 일제에 대항해 □□ 진공 작전을 펼쳤다.

나라를 구하기 위한 항일 의병의 노력

- 을미사변과 단발령에 반발한 지방 유생들과 농민들이 일제에 대항하여 처음으로 의병을 일으켰다.
- 을사늑약 이후 전국적으로 의병이 다시 일어났다.
- 신돌석과 같은 평민 의병장도 등장하여 활약했다.
- 고종이 강제로 물러나고 대한 제국의 군대가 해산되자 의병 운동이 한층 강하게 전개되었다.
- 일제가 의병 운동을 탄압해 살아남은 의병들은 만주나 연해주로 이동해 투쟁을 이어 갔다.

1 다음 지도의 항일 의병 운동이 일어난 까닭에 <u>모두</u> ○표 하세요.

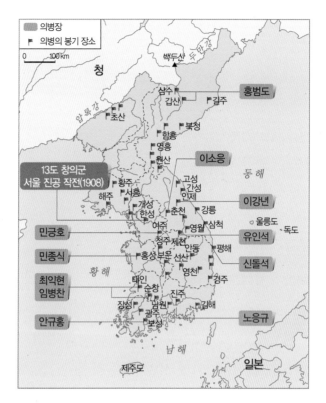

(1) 일제로부터 나라를 구하기 위해서 ( )

(2) 을미사변과 단발령에 항의하기 위해서 ( )

(3) 을사늑약을 맺어야 한다고 요구하기 위해서 ( )

(4) 국민의 실력을 길러서 강한 나라가 되기 위해서 ( )

2 다음에서 설명하는 의병장은 누구인지 이름을 쓰세요.

- 평민 출신 의병장이었다.
- 강원도, 경상도, 충청도를 중심으로 일본군을 무찔렀다.
- 태백산을 주 무대로 활약해 '태백산 호랑이'라는 별병을 얻었다.

( )

3 다음 (가)에 들어갈 내용으로 알맞지 <u>않은</u> 것은 무엇입니까? (   )

1주 5일
학습 끝!

붙임 딱지 붙여요.

1907년 고종 황제가 강제로 물러난 후 전개된 의병 운동에 대해 설명해 주세요.

(가)

① 서울 진공 작전을 펼쳤어요.

② 해산된 군인들이 합류했어요.

③ 안창호가 의병장으로 활약했어요.

④ 의병 연합군인 13도 창의군이 만들어졌어요.

⑤ 일제가 대대적으로 의병 운동을 탄압했어요.

카드 세계사

터키, 청년 튀르크당이 혁명을 일으키다

청년 튀르크당의 혁명에 참여한 사람들

항일 의병들이 서울 진공 작전을 벌이던 때, 터키(오스만 제국)에서는 술탄의 지배에 반대하고, 헌법을 부활시키려는 청년들의 반란이 일어났어요. 지식인과 학생, 육군 장교 등이 중심이 된 청년 튀르크당은 정치 권력을 잡고 여성 교육과 초등 교육, 공업화에 이르기까지 다양한 분야에서 개혁을 시작했어요. 그러나 제1차 세계 대전에서 패하면서 청년 튀르크당은 아예 사라지고 말았어요.

술탄 이슬람교의 종교적 최고 권위자 칼리프에게 권한을 받은 정치적 지배자를 뜻함.

PART 2

나라를 구하기 위한 노력

1910년 일제에 국권을 빼앗긴 우리나라 사람들은 다양한 방법으로
일제에 저항했어요. 민족의 실력을 키우고 3·1 운동을 펼쳤어요.
대한민국 임시 정부를 세우고 독립군들은 일본에 무력으로 맞서기도
했지요. 빼앗긴 나라를 되찾기 위한 우리 민족의 노력들을 살펴봐요.

06
2주

어떤 애국 계몽 운동들이 일어났나요?

공부한 날짜:　　월　　일

국채 보상 운동을 이끈 신문
『대한매일신보』는 국채 보상 운동을 처음으로 알렸어요. 당시 이 신문사는 전국의 백성이 보낸 성금을 관리했지요. 그래서 국채 보상 운동이 활발해지자 일제는 『대한매일신보』를 탄압했어요.
일제는 『대한매일신보』의 발행인 베델을 중국으로 추방하고 총무 양기탁은 누명을 씌워 체포했어요.

『대한매일신보』

나랏빚을 갚는 운동을 벌이다

대한 제국은 일제의 침략으로 점점 힘을 잃어 갔지만 나라를 구하고자 하는 국민들의 열망은 식을 줄 몰랐어요. 그 무렵 일제는 갖가지 이유를 들어 대한 제국에 억지로 돈을 빌려주었어요. 고종은 강요에 못 이겨 돈을 빌렸고 통감부는 이 돈으로 일본인들을 위해 경찰 기구를 늘리고 병원과 상하수도 같은 생활 시설을 마련했어요. 그 결과, 대한 제국의 나랏빚은 1천3백만 원이 넘었지요. 이 돈은 대한 제국이 1년 동안 걷는 세금과 맞먹을 정도로 큰돈이었어요.

'나랏빚이 많아 큰일이군! 우리 동포들이 담배를 끊어서라도 국채를 갚아야 하지 않을까?'

대구에서 작은 출판사를 하던 서상돈이 시작한 국채 보상 운동은 국민들의 큰 호응을 얻었어요. 농민, 기생, 인력거꾼, 백정, 승려 등 모든 국민이 한마음으로 뜻을 모았어요. 남자들을 담배를 끊어 돈을 마련했고, 부녀자들은 비녀와 가락지 등을 내놓았어요. 심지어 소중한 머리카락을 잘라 판 돈을 내놓는 사람도 있었어요.

44

대구에서 시작된 국채 보상 운동은『대한매일신보』에 소식이 실리면서 전국적으로 확대됐어요. 서상돈은 신문에 나랏빚을 갚아야 하는 이유를 밝혔어요.

국채 1천3백만 원은 바로 우리 대한 제국의 존망과 직접 연결됩니다. 이것을 갚지 못하면 나라가 망할 것인데, 지금 국고로는 해결할 능력이 못됩니다. 2천만 동포들이 삼 개월 동안 금연하고 그 돈으로 한 사람이 매달 이십 전씩 모으면 1천3백만 원을 모을 수 있습니다.

이 기사에 전국에서 모금의 손길이 이어지자 신문사들은 성금을 낸 사람을 싣는가 하면 감동적인 사연을 전해 주기도 했어요.

이 모습이 못마땅했던 일제는『대한매일신보』의 발행인에게 모금한 돈을 마음대로 썼다고 누명을 씌워 체포했어요. 국민들은 어려운 살림에도 적극적으로 참여했지만 국채 보상 운동은 나랏빚을 갚지 못한 채 끝나 버렸지요.

국채 보상 운동은 성공하지 못했지만 나라를 구하려는 정신은 살아남아 일제 강점기 물산 장려 운동으로 이어졌어요.

국채 나라가 지고 있는 빚.
존망 생존과 사망을 아울러 이르는 말.
국고 나라의 재산인 곡식이나 돈 등을 넣어 보관하던 창고.
발행인 출판물이나 인쇄물을 찍어서 세상에 내는 사람.
누명 사실이 아닌 일로 이름을 더럽히는 억울한 평판.
물산 장려 운동 일제 강점기에 우리 민족이 펼친 경제 자립 운동. 국산품 애용, 소비 절약, 자급자족, 민족 기업을 키우는 일 등을 함.

반짝퀴즈 Q1

대구에서 시작된 □□ □□ 운동은 일본에 진 나랏빚을 갚아 주권을 찾자는 운동이다.

☐ ☐ ☐ ☐

신민회

신민회는 안창호와 양기탁을 중심으로 1907년에 만들어진 애국 계몽 운동 단체이자 비밀 조직이었어요.

신민회는 애국 계몽 운동을 앞세워 독립군의 기지를 만들려고 했어요. 그래서 서점과 도자기 회사를 운영하며 독립 자금을 모아 만주에 독립군 기지를 만들고 독립운동의 바탕을 마련했어요.

안창호

애국 계몽 운동 을사 늑약을 체결한 이후 국권을 회복하고자 애국 신념을 바탕으로 민족의 힘과 실력을 양성하도록 국민을 가르쳐 깨우치려 한 운동.

애국 계몽 운동이 각 분야로 번지다

나라의 앞날을 걱정하는 지식인 중에는 대한 제국의 실력이 부족해서 일본의 침략에 무너졌다고 믿는 독립운동가들이 있었어요.

"우리 민족의 실력을 키워서 국권을 다시 찾아야 해."

애국 계몽 운동가들은 무력으로 일본을 물리치는 것보다 민족의 힘을 키워 주권을 되찾는 것이 중요하다고 생각했어요. 그래서 교육이나 언론으로 사람들을 깨우치거나 민족 산업을 키우는 등 다양한 활동을 벌였고 이에 따라 많은 사회단체들이 만들어졌지요.

이 단체들 중에는 일본의 경제 침략에 맞서 일본의 황무지 개간에 반대하는 운동을 펼친 보안회가 있었어요. 1904년, 일제는 대한 제국에 황무지를 농사짓는 땅으로 바꾸어 농사를 지을 수 있는 권리를 달라고 요구했어요. 늘어난 일본의 인구 문제를 해결하고 일본에 식량도 보내려는 속셈이었어요. 보안회는 일제의 요구가 담긴 문서를 전국에 돌리고 연설 운동을 이어 가겠다고 발표했지요. 이에 놀란 일제는 황무지 개간 요구를 서둘러 거두어들였어요.

애국 계몽 운동을 펼치던 세력 중에는 대한 제국이 독립 국가가 되었을 때를 미리 대비하자는 목소리도 있었어요. 헌정 연구회는 대한 제국이 독립된 근대 국가가 되려면 헌법에 바탕을 둔 서양식 의회를 만들어야 한다고 주장했어요. 이후 헌정 연구회를 이어받은 대한 자강회는 교육과 산업을 발전시켜 주권을 찾아야 한다고 주장했지요.

안창호, 이승훈, 양기탁 등의 지식인들이 비밀리에 만든 신민회는 교육만이 우리나라의 주권을 찾을 수 있는 길이라고 생각했어요. 이들은 오산 학교, 대성 학교 등을 세워 인재를 키우고, 대구 태극서관과 평양 자기 회사를 세워 민족 산업을 발전시키려고 애썼어요.

또, 애국 계몽 운동가들은 신문과 잡지를 만들어 국민들의 민족 의식을 높였어요. 『황성신문』은 장지연이 쓴 글을 실어 민족의 아픔을 표현했어요. 또, 『대한매일신보』는 을사늑약의 불법성을 알렸어요.

황무지 손을 대어 거두지 않고 내버려 두어 거친 땅.
태극서관 신민회에 딸린 기관으로 책을 출판하고 공급하기 위해 세운 서점.
자기 회사 도자기 회사.
민족 산업 우리나라 사람이 돈을 대서 만들어진 산업.

우리 국민들을 깨우쳐야 해.

⭐**애국 계몽 운동**

• 을사늑약 전후 민족의 힘과 실력을 키워 국권을 되찾자는 애국 계몽 운동이 일어났다.

• 국채 보상 운동은 국민의 힘으로 일본에 진 빚을 갚아 국권을 지키자는 운동이다.

• 보안회는 일제의 황무지 개간권 요구에 반대 운동을 펼쳤다.

• 헌정 연구회는 헌법에 바탕을 둔 정치를, 대한 자강회는 교육과 산업을 통해 주권을 찾자고 주장했다.

• 신민회는 오산 학교, 대성 학교를 세워 인재를 기르고 민족 산업을 키우는 데 힘썼다.

1 다음 애국 계몽 운동에서 외친 구호는 무엇입니까? (   )

> 국채 1천3백만 원은 바로 우리 대한 제국의 존망과 직접 연결됩니다. 이 것을 갚지 못하면 나라가 망할 것인데, 지금 국고로는 해결할 능력이 못 됩니다. 2천만 동포들이 삼 개월 동안 금연하고 그 돈으로 한 사람이 매달 이십 전씩 모으면 1천3백만 원을 모을 수 있습니다.
>
> — 국채 1천3백만 원 보상 취지서

① 우리 국민 모두 금연을 합시다!
② 일본으로부터 1천3백만 원을 빌립시다!
③ 어려운 이웃을 돕기 위해 성금을 냅시다!
④ 일제가 황무지를 개간하는 것에 반대합시다!
⑤ 국민의 힘으로 국채를 갚아 국권을 지킵시다!

2 다음과 같은 애국 계몽 운동을 펼친 단체의 이름을 보기에서 찾아 쓰세요.

안창호

- 안창호, 이승훈, 양기탁 등의 지식인 들이 비밀리에 만들었다.
- 오산 학교, 대성 학교 등을 세워 훌 륭한 인재를 길러 냈다.
- 대구 태극서관과 평양 자기 회사를 세워 민족 산업을 발전시켰다.
- 만주에 독립 기지를 만들었다.

| 보기 | 보안회 | 헌정 연구회 | 대한 자강회 | 신민회 |

(   )

3 (가)에 해당하는 문화유산으로 알맞은 것은 무엇입니까? (   )

오늘 소개할 세계 기록 유산에 대해 설명해 주세요.

1907년, 일제에 진 빚을 국민의 힘으로 갚자는 운동이 벌어졌어요. (가) 은/는 이 운동의 전 과정을 잘 보여 주어 2017년 세계 기록 유산이 되었지요.

2주 1일 학습 끝!

붙임 딱지 붙여요.

① 『승정원일기』　　② 새마을 운동 기록물　　③ 금 모으기 운동 자료
④ 물산 장려 운동 기록물　　⑤ 국채 보상 운동 기록물

카드 세계사

인도, 스와라지 운동이 일어나다

영국의 소금 독점 판매에 대항해 간디가 펼친 소금 행진

국채 보상 운동이 펼쳐질 무렵, 영국의 식민지였던 인도에서는 영국에서 자치권을 얻어 내자는 스와라지 운동이 일어났어요(1906년). 그리고 이 스와라지 운동의 첫 단계로 영국에서 만든 물건 대신 인도의 물건을 쓰자는 국산품 애용 운동 스와데시 운동이 일어났지요. 간디가 중심이 되어 일어난 이 운동은 지식인부터 하층민까지 참여해 전 국민적인 운동으로 발전했어요.

자치권 힌디어로 자치를 '스와라지'라고 함. '자치권'은 지방 자치 단체가 그 구역 안에서 가지는 공적 지배권.

안중근은 나라를 지키기 위해 어떤 노력을 했나요?

안중근의 의거를 도운 사람들
안중근은 동지인 우덕순, 유동하, 조도선과 함께 의거를 준비했어요. 최재형은 안중근의 의거가 성공할 수 있게 경제적으로 지원했지요. 우덕순과 조도선은 이토 히로부미가 내릴 역 중 하나를 맡고, 유동하는 하얼빈에서 다른 일행을 지원했어요.
의거를 실행한 안중근을 비롯한 동지들이 체포되자 최재형은 이들이 풀려날 수 있게 물심양면으로 도왔어요. 이처럼 안중근의 의거에는 많은 독립운동가의 도움이 있었어요.

소탕 휩쓸어 죄다 없애 버림.
망명 정치적인 이유로 자기 나라에서 박해를 받는 사람이 이를 피하기 위해 외국으로 몸을 옮김.

손가락을 잘라 애국을 맹세하다

을사늑약 이후 활발하게 진행되던 애국 계몽 운동은 일제의 소탕 작전 때문에 어려움을 겪었어요. 그래서 많은 애국지사들이 우리나라와 가까운 만주와 연해주에서 독립 운동을 계속했지요.

이토 히로부미를 총으로 쏘았던 안중근 의사도 그중 한 사람이에요. 안중근은 고종이 퇴위한 뒤부터 국내 애국 계몽 운동만으로 나라를 지킬 수 없다고 생각해 중국 망명을 선택했어요. 안중근은 북간도를 거쳐 연해주로 넘어가서 한인 마을을 돌아다니며 애국 계몽 운동을 펼쳤어요.

"국권을 되찾으려면 힘을 키워야 합니다. 더 많이 배우고 독립을 위해 싸워야 합니다."

안중근은 삼흥 학교를 지어 인재를 키워 내고, 국권을 되찾아오기 위해 3백여 명의 의병을 모았어요. 안중근의 부대는 두만강 부근을 근거지로 삼아 국내 진입 작전을 펼쳤어요.

안중근의 부대는 함경북도에서 큰 성과를 거두어 많은 일본군을 붙잡았어요. 안중근은 국제법을 지키기 위해 포로를 되돌려 보냈어요. 그러나 이 일로 근거지가 드러나 의병들은 뿔뿔이 흩어졌지요.

'이제 남은 이 한 몸 조국을 위해 기꺼이 던지리라!'

안중근은 김기룡, 엄인섭 등 11명의 동지와 '단지 동맹'이라는 비밀 결사대를 만들었어요. 이들은 3년 이내에 민족의 원흉 이토 히로부미와 이완용을 암살하자고 손가락을 잘라 피로 맹세했어요.

"우리나라를 빼앗는 데 앞장선 이토 히로부미를 없애야 해."

러시아에 머물던 안중근은 이토 히로부미가 러시아 대장대신과 하얼빈에서 회견을 한다는 신문 기사를 보게 되었어요. 안중근은 우덕순, 조도선, 유동하 등과 이토를 암살하기 위해 모였어요.

그런데 이토가 지나가는 시간과 내릴 역을 좀처럼 알 수 없었어요. 안중근은 우덕순, 조도선에게 차이자거우역을 맡기고, 자신은 하얼빈역에서 기다리는 작전을 세웠지요.

포로 사로잡은 적.
결사대 죽기를 각오하고 있는 힘을 다할 것을 결심한 사람으로 이루어진 부대나 무리.
원흉 못된 짓을 한 사람들의 우두머리.
대장대신 한국의 기획 재정부 장관에 해당하는 지책.

Q1

✨ 반짝퀴즈

중국으로 망명한 안중근은 애국 계몽 활동을 하는 한편 □□을/를 모아 독립 전쟁을 벌였다.

□ □

동지들, 우리가 나설 때요! 이토가 만주에 온다고 하오.

독립!
안중근

『동양 평화론』

안중근이 감옥에서 쓴 책으로, 동양 평화 실현을 위한 생각을 담은 책이에요. 안중근은 이 책에서 동양의 평화를 유지하려면 한국과 중국 그리고 일본 세 나라가 평등하게 뭉쳐야 서양의 침략을 물리치고 진정한 평화를 이룰 수 있다고 주장했어요.

그러나 이 책은 안중근의 사형이 집행되면서 완성되지 못했어요.

『동양 평화론』 서문

수행원 높은 지위의 사람을 따라다니면서 그를 돕거나 신변을 보호하는 사람.

하얼빈에서 일제의 심장을 쏘다

1909년 10월 26일!

아침 일찍 하얼빈역 찻집에 도착한 안중근은 가슴 속에서 무언가를 꺼내 뚫어질 듯 바라보았어요. 이토 히로부미의 사진이었지요. 자신이 암살할 상대를 정확히 알기 위해서였어요.

마침내 아침 9시가 되자 멀리서 기적을 울리며 이토 히로부미를 태운 열차가 하얼빈역으로 들어왔어요. 안중근은 환영 인파를 헤치며 나가서 이토 히로부미가 내리기를 기다렸지요. 이토는 20여 분 동안 러시아 대신과 회담을 마치고 열차에서 내려왔어요.

그때였어요.

탕탕탕! …… 탕탕탕!

안중근이 쏜 세 발의 총알은 이토 히로부미의 심장과 팔에 명중했어요. 그리고 나머지 세 발은 세 명의 수행원들을 맞혔지요.

이토 히로부미는 힘없이 쓰러졌고 안중근은 러시아 헌병들에게 붙잡혔어요. 하지만 안중근은 조금도 움츠러들지 않았지요.

안중근

"꼬레아 우라! 꼬레아 우라! 꼬레아 우라(대한 제국 만세)!"

안중근은 그 자리에서 붙잡혀 러시아 측의 조사를 받은 후 일본 측에 넘겨졌어요. 그리고 뤼순의 일본 감옥에 갇혀 재판을 받았어요.

"다시 분명히 말하지만 내가 이토를 죽인 것은 그가 동양의 평화를 어지럽히는 자이기 때문에 의병 참모 중장 자격으로 한 일이오. 결코 일개 자객이 저지른 일이 아니오."

안중근은 자신은 일개 살인자가 아니라 의병 자격으로 이토를 죽였다며 당당히 주장했어요. 일본의 만행을 낱낱이 들추어내며 일제를 매섭게 꾸짖었지요.

안중근의 소식이 전해지자 우리나라뿐 아니라 다른 나라에서도 안중근을 구하려고 노력했지만 실패했어요. 하지만 안중근은 생명을 구걸하지 않았어요. 안중근은 사형 선고를 받은 지 한 달여 만에 사형을 당했어요.

참모 중장 지휘관을 도와서 인사, 정보, 작전, 군수 등의 일을 하는 장교.
자객 사람을 몰래 죽이는 일을 전문으로 하는 사람.

Q2

반짝퀴즈

안중근은 □□□역에서 이토 히로부미를 총으로 쏘았다.

사형!

⭐ **안중근 의거**

- 안중근은 국내에서 애국 계몽 운동울 했으나 고종 퇴위 후 중국에 망명했다.
- 안중근은 북간도, 연해주 등에서 활동했고 의병을 조직해 국내 진입 작전을 펼쳤다.
- 안중근은 하얼빈역에서 우리나라를 빼앗는 데 앞장선 이토 히로부미를 총으로 쏘아 체포되었다.
- 안중근은 재판 과정에서도 당당함을 잃지 않았고, 감옥에서 사형을 당했다.

1 다음은 안중근이 한 일입니다. 안중근이 한 일의 차례대로 숫자를 쓰세요.

(1) 하얼빈역에서 이토 히로부미를 총으로 쏘았다.

(2) 삼흥 학교를 지어 인재를 양성하고 의병 활동을 했다.

(3) 동지들과 이토 히로부미와 이완용의 암살을 피로 맹세했다.

2 다음에서 설명하는 책은 무엇입니까? (   )

- 안중근이 감옥에서 쓴 책이지만 안중근의 사형으로 완성되지 못했다.
- 동양의 평화를 유지하기 위해 한국과 중국, 일본 세 나라가 평등하게 뭉쳐야 서양의 침략을 물리치고 진정한 평화를 이룰 수 있다는 안중근의 주장을 담았다.

① 『천주실의』   ② 『목민심서』   ③ 『독립신문』
④ 『동양 평화론』   ⑤ 『조선말 큰사전』

3 다음 중 밑줄 친 '나'는 누구입니까? (   )

① 이승훈   ② 안창호   ③ 양기탁   ④ 안중근   ⑤ 서상돈

2주 2일
학습 끝!

붙임 딱지 붙여요.

카드 세계사

청과 일본이 간도 협약을 맺다

안중근의 하얼빈 의거가 있기 전 청과 일본은 간도 협약(1909년)을 맺고 간도를 청의 땅으로 인정했어요. 일제는 대한 제국의 외교권을 빼앗은 후 청과 간도 문제로 다투었어요. 그러다가 남만주의 철도 부설권과 푸순 탄광을 채굴할 수 있는 권리를 얻는 대가로 협약을 맺어 간도를 청에 넘겨주었지요. 일제는 우리나라의 국경을 마음대로 정했고 우리나라 땅이었던 간도는 청의 땅이 되었어요.

부설권 시설을 건설할 수 있는 권리.

공부한 날짜: ☐월 ☐일

1910년대 한국인들은 왜 고국을 떠났나요?

일제의 무단 통치가 시작되다

국권을 강제로 빼앗은 일제는 나라 이름을 대한 제국에서 조선으로 바꾸었어요. 한국인을 본격적으로 다스리려고 조선 총독부라는 통치 기구도 세웠지요. 조선 총독부는 식민지를 다스리는 기반을 만들기 위해 토지 조사 사업을 벌였어요. 땅의 위치와 모양, 크기 등을 꼼꼼히 조사하고 땅 주인들에게 국가에 신고하라고 강요했어요. 한국인이 가진 땅을 빼앗고 세금을 더 걷으려는 속셈이었지요.

"토지를 신고했는데 왜 내 땅이 아니오?"

"조사 결과 이 땅은 당신 땅이 아니라고 확인됐소. 농사를 지으려면 토지 사용료를 내시오."

조선 총독부는 신고하지 않은 땅을 일본 기업인 동양 척식 주식회사에 넘겼어요. 이 일로 많은 땅 주인들이 땅을 잃었어요. 게다가 나라에 속한 땅을 차지해서 사람들에게 빌려주고 사용료를 받아 챙겼지요. 일제는 땅 주인들에게 세금을 더 많이 거두어 한국인을 억압하는 데 사용했어요.

조선 총독부

조선 총독부는 일본이 한반도를 다스리는 데 모든 일을 결정하고 실행하던 기관이에요. 그래서 조선 총독부의 우두머리였던 총독은 법을 만드는 것은 물론 조선에 있는 모든 일본 군대를 지휘하는 막강한 권한을 가졌지요. 조선 총독부는 일제와 조선의 상황에 따라 다스리는 방식을 달리하며 35년간 조선을 다스린 핵심 권력 기구였어요.

조선 총독부 건물

토지 조사 사업 일제가 우리나라의 토지를 빼앗으려고 벌인 대규모 토지 조사.
동양 척식 주식회사 일본이 조선의 토지와 자원을 빼앗기 위해 만든 기구.

조선 총독부는 한국인이 회사를 운영하려면 허가를 받으라고 명령했어요. 광산을 개발하거나 나무를 베고 물고기를 잡을 때도 조선 총독부의 허가가 필요했지요. 이렇다 보니 한국인은 농업이 아닌 다른 산업에서 일하기 어려웠어요.

일본은 식민 통치에 대한 한국인의 반발을 막기 위해 군대 안 경찰인 헌병을 이용했어요. 일본은 헌병에게 경찰 임무를 주어 한국인을 감시하게 하고 독립운동을 탄압하기 시작했지요.

용산 경찰서 헌병 경찰

"아직도 독립운동을 하다니 괘씸하군! 태형 20대에 처한다!"

당시 헌병 경찰은 막강한 권한을 가지고 있었어요. 죄를 지은 사람을 재판 없이 처벌할 수 있었고, '태형'이라고 하여 때리는 형벌도 마음대로 내렸어요.

학교에서도 선생님들도 제복을 입고 칼을 찬 채 아이들을 가르쳤어요. 아이들은 으스스한 분위기 속에서 우리말 대신 일본어 수업을 받아야 했어요. 그나마 한국인이 받을 수 있는 교육은 초등 교육과 실업 교육 등 기초적인 교육이었지요.

감시하다 단속하기 위하여 주의 깊게 살피다.
태형 죄인의 볼기를 작은 몽둥이로 치던 형벌.
제복 학교나 관청, 회사 등에서 정해진 규정에 따라 입도록 한 옷.
실업 교육 직업을 가지려는 사람에게 필요한 지식과 기능을 가르치는 교육.

반짝퀴즈 Q1

일제는 한국인을 다스리려고 통치 기구인 조선 □□□을/를 세웠다.

아이고, 나 죽네!

이회영과 그의 집안

엄청난 부자였던 이회영과 다섯 형제는 전 재산을 팔아 만주로 망명했어요. 이들은 만주에서 독립운동을 벌이다가 가져온 돈이 떨어져 추위와 배고픔을 겪는 날도 많았어요. 중국에서 독립운동을 하던 이회영은 결국 일본 경찰에 잡혀 고문을 받다 65세에 눈을 감았어요. 첫째 이건영과 다섯 째인 이시영을 뺀 나머지 형제들도 독립운동을 하다 중국에서 죽었지요. 이회영과 그의 형제들은 조국의 독립을 위해 전 재산뿐 아니라 자신의 목숨까지 기꺼이 내놓았어요. 이들은 사회적 신분에 걸맞는 의무를 다해 많은 사람들의 존경을 받았어요.

이회영

한국인, 고국 땅을 떠나다

"왜놈들에게 빼앗겨 농사지을 땅도 한 평 없네. 앞으로 우리는 어떻게 살지?"

"동지들이 계속 체포되거나 다치고 있어. 이곳에서 계속 독립운동을 할 수 없으니 어떻게 해야 할까?"

일제의 탄압과 수탈이 계속되자 많은 한국인이 만주와 연해주 등 외국으로 떠났어요. 만주와 연해주는 우리나라와 가까운 외국으로 우리나라와 국경을 맞대고 있었어요. 살기 힘들어진 국민뿐 아니라 일제의 탄압으로 국내 활동이 어려워진 독립운동가들도 다른 나라로 건너가 활동을 이어 나갔어요.

안창호는 일제에 국권을 빼앗기기 전부터 한국인의 실력을 키우는 것만이 살길이라고 부르짖었어요.

"우리나라를 되찾는 길은 오직 실력뿐이오."

평양 대성 학교에서 인재를 키우던 안창호는 나라가 망할 것을 예상해 신민회 간부들과 중국으로 망명했어요. 이후 그는 미국으로 건너가 흥사단을 세워 한국인의 실력을 기르는 운동에 앞장섰어요.

명문가면서 손꼽히는 조선의 부자였던 이회영은 나라를 일본에 빼앗기자 독립운동에 뛰어들었어요.

"우리 형제가 대의가 있는 곳에서 죽을지언정, 왜적 밑에서 노예가 되어 생명을 구하려 한다면 이는 짐승과 같다."

신흥 무관 학교의 위치

이회영은 다섯 형제를 모아 놓고 이렇게 말하고, 전 재산을 정리해 다섯 형제와 함께 만주로 갔어요. 그곳에서 신흥 강습소 (후에 신흥 무관 학교로 바뀜.)를 세워 많은 독립운동가와 항일 독립군을 키워 냈지요. 신흥 무관 학교는 일제의 탄압으로 문을 닫을 때까지 2천여 명의 졸업생을 길러 내며 독립을 위해 노력했어요.

일을 찾거나 공부를 하려고 일본에 간 사람들도 있었어요. 이들은 밤낮없이 일하거나 낯선 말을 배워 공부해야 했지만 조국의 독립만 기다렸어요. 미국의 사탕수수 농장에 노동자로 간 한국인들은 낯선 땅에서 힘들게 번 돈을 독립운동 자금으로 보냈어요.

수탈 강제로 빼앗음.
흥사단 안창호가 미국 샌프란시스코에서 세운 민족 운동 단체. 미국 유학 중인 청년 학생을 중심으로 만들어졌음.
명문가 사회적 신분이나 지위가 높고 학식과 덕망을 갖춘 훌륭한 집안.
대의 大(큰 대), 義(옳을 의)가 합쳐진 말로, 사람으로서 마땅히 지켜야 할 크고 옳은 도리를 뜻함.

Q2
반짝퀴즈

□□□은/는 만주에 신흥 무관 학교를 세워서 많은 독립운동가와 독립군을 키워 냈다.

☐ ☐ ☐

⭐ 일제의 무단 통치와 독립운동가들의 국외 활동

• 일제는 한국인을 지배하기 위해 조선 총독부를 만들었다.

• 조선 총독부는 토지 조사 사업으로 세금을 더 많이 거두어들여 한국인을 억압하는 데 사용했다.

• 일제는 헌병들에게 경찰 임무를 주어 한국인을 감시하게 하고 독립운동을 탄압했다.

• 안창호는 미국에서 흥사단을 만들어 한국인의 실력 양성에 힘썼다.

• 이회영은 만주에서 신흥 무관 학교를 세워 독립운동가와 항일 독립군을 키워 냈다.

1 다음 그림에서 알 수 있는 일제가 벌인 사업은 무엇입니까? (   )

① 을사늑약   ② 국채 보상 운동   ③ 토지 조사 사업
④ 조선 총독부 설치   ⑤ 헌병 경찰의 독립운동 탄압

2 다음 지도의 (가)에 이회영이 만든 교육 기관을 **보기** 에서 골라 쓰세요.

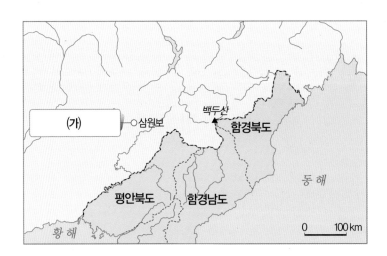

보기   홍사단   신민회   대성 학교   신흥 무관 학교

(   )

3 ㈎에 들어갈 단체로 알맞은 것은 무엇입니까? (   )

제 △△호　　　　**'도산 안창호의 날' 선포**　　　　20○○년 ○○월 ○○일

　　미국 캘리포니아주 의회는 올해부터 도산 선생의 탄신일인 11월 9일을 '도산 안창호의 날'로 선포하는 결의안을 채택했다.

　　그는 샌프란시스코에서 [㈎]을/를 조직하여 교민들에게 민족의식을 심어 주고 미국에서 한인 사회가 성공적으로 정착하는 데 크게 기여했다.

① 의열단
② 흥사단
③ 대성 학교
④ 조선 총독부
⑤ 신흥 무관 학교

2주 3일
학습 끝!

붙임 딱지 붙여요.

카드 세계사

청이 무너지고 중화민국이 세워지다

1912년 난징 임시 정부 내각 회의 모습

일제가 토지 조사 사업을 시작하던 때 중국에서는 청이 무너지고 아시아 최초의 민주 공화국인 중화민국이 세워졌어요. 쑨원은 삼민주의를 바탕으로 무능력한 청을 무너뜨리고 모두가 평등한 공화국을 만들자고 주장했어요. 1912년 우창에서 신해혁명이 일어나 쑨원의 바람대로 중화민국이 만들어졌으나 첫 총통인 위안스카이의 독재로 중국은 계속 혼란스러웠어요.

삼민주의 민족주의, 민권주의, 민생주의 등 쑨원이 주장한 중국 근대 혁명의 기본 이념.
총통 일부 국가에서 나라의 최고 책임 직위.

3·1 운동은 어떻게 일어났나요?

공부한 날짜: ☐월 ☐일

민족 자결주의

1919년 제1차 세계 대전이 끝난 뒤에 열린 파리 강화 회의에서 당시 미국 대통령이었던 윌슨이 주장한 내용이에요. 민족 자결주의는 '각 민족은 정치적 운명을 스스로 결정할 권리가 있으며, 다른 민족의 간섭을 받을 수 없다.'는 주장이에요. 이 주장은 당시 식민지 상태에 있는 작은 나라들에게 큰 희망을 안겨 주었어요. 우리나라의 3·1 운동에도 많은 영향을 주었지요.

미국 윌슨 대통령

민족 대표 33인이 독립 선언서를 만들다

일제의 강압적 통치가 계속되자 한국인들은 하루하루 고통의 나날을 보내야 했어요. 그 무렵 제1차 세계 대전이 끝나고 미국의 윌슨 대통령이 '민족의 운명은 자기 스스로 결정해야 한다.'는 주장을 펼쳤어요. 이때부터 전쟁에서 진 나라들의 식민지들이 하나둘씩 독립하기 시작했지요.

"지금이 우리 민족이 독립할 수 있는 좋은 기회입니다."

일본에 유학하던 한국 학생들은 우리도 독립할 수 있다는 희망을 가지고 뜻을 하나로 모았어요.

1919년 2월 8일, 학생들은 일제의 심장인 도쿄에 있는 기독교 청년 회관에 모여 독립 선언서를 발표했어요. 6백여 명의 유학생은 독립 선언서에 일본이 한국을 독립시키고 뉘우칠 것을 요구하고, 그렇지 않으면 자유행동을 하겠다고 선언하고 결의문을 읽었지요.

회관 안에는 독립 만세 소리가 가득했고 유학생들의 결의는 뜨거웠어요. 그러나 독립 선언식이 끝나 갈 무렵 일본 경찰이 밀고 들어와 27명의 유학생들을 체포했어요.

이 소식을 학생들에게 전해 들은 민족 대표들은 부끄러웠어요.

"머나먼 타국에서 공부하는 학생들도 나라의 독립을 위해 투쟁하는데, 우리가 가만히 있을 수는 없습니다."

"맞습니다. 고종 폐하가 갑자기 돌아가셔서 국민들이 실의에 빠져 있는 이때에 독립을 위한 만세 시위를 전국적으로 펼칩시다!"

손병희, 한용운 등 종교계 인사들을 중심으로 한 민족 대표 33인은 머리를 맞댔어요. 그리고 대한의 독립을 선언하는 독립 선언서를 한 자 한 자 정성을 기울여 만들었어요.

민족 대표들은 고종의 장례식 날이었던 3월 5일을 피해 3월 1일을 독립 선언식 날로 정했어요. 그리고 학생, 시민들과 서울 종로의 탑골 공원에서 모이기로 약속했지요.

민족 대표 중 각 종교를 대표하는 인물들.
왼쪽부터 이승훈(기독교), 손병희(천도교), 한용운(불교).

제1차 세계 대전 1914~1918년에 일어난 대규모 세계 전쟁으로 30여 개 국가가 전쟁에 참여했음.
결의문 뜻을 정하여 굳게 마음먹은 것을 적은 글.
타국 자기 나라가 아닌 남의 나라.
실의 뜻이나 의욕을 잃음
시위 많은 사람이 공공연하게 뜻을 표시하여 모임이나 행진을 하며 강력한 힘을 나타내는 일.
인사 사회적 지위가 높거나 사회적 활동이 많은 사람.

🐰 **반짝퀴즈**   Q1

도쿄 유학생들이 발표한 독립 선언의 영향으로 민족 대표들은 □□ 선언식을 계획했다.

전국 방방곡곡에 만세 소리가 울려 퍼지다

1919년 3월 1일, 탑골 공원은 구름같이 모여든 학생과 시민들로 발 디딜 틈이 없었어요. 일제도 어마어마한 수의 경찰을 배치했지요.

민족 대표들은 학생들이 희생될 것을 걱정해 독립 선언식 장소를 급히 태화관으로 옮겼어요. 독립 선언서에 서명한 민족 대표들은 이곳에서 대한의 독립을 선언하는 독립 선언식을 했지요.

우리는 이에 우리 조선이 독립한 나라라는 점과 조선인이 자주적인 사람이라는 것을 선언한다. …… – 3·1 독립 선언서

같은 시각, 탑골 공원에 모인 학생들은 민족 대표들이 오지 않자 술렁대기 시작했어요. 그러다가 한 학생이 연단에 올라가 독립 선언서를 소리 내어 읽었어요. 그러자 벅차오르는 감정을 억누를 수 없었던 시민들은 태극기를 들고 목이 터져라 외치기 시작했어요.

유관순의 만세 시위

이화 학당에 다니던 16살 학생 유관순은 만세 시위로 학교가 문을 닫자, 고향인 충청남도 천안에 내려가서 만세 시위를 계획했어요.

아우내 장터에서 독립 만세 운동이 벌어지자 일제는 만세 시위에 참여한 이들을 무자비하게 탄압했어요.

유관순은 주모자로 체포되어 감옥에 갇혔어요. 그리고 감옥에서도 계속해서 독립 만세를 외쳤지요. 이 때문에 모진 고문을 받던 유관순은 18세의 나이로 숨을 거두었어요.

유관순

"대한 독립 만세! 우리나라 독립 만세!"

서울에서 시작된 만세 시위는 지방의 작은 도시들을 거쳐 농촌까지 전국 방방곡곡으로 퍼져 나갔어요. 만주와 연해주, 중국, 미국의 동포들까지 참여한 만세 운동 시위를 3·1 운동이라고 해요. 만세 운동의 열기가 뜨거워지자 일제의 진압은 더 잔인해졌어요. 총과 칼로 시민들을 죽이는 것은 물론, 만세 시위에 참여했던 경기도 화성 제암리 사람들을 교회에 모아 놓고 학살했어요.

3·1 운동은 두 달 넘게 나라 안팎에서 뜨겁게 이어졌어요. 비록 독립을 이루지는 못했지만, 3·1 운동은 전 민족이 참여한 항일 운동으로 민족의 자긍심을 높였어요. 그래서 대한민국 임시 정부를 세우는 계기가 되었어요.

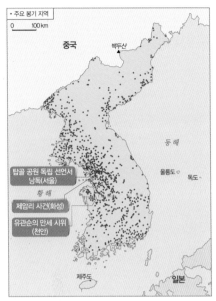

3·1 운동이 일어난 지역

태화관 1919년 3·1 운동 때 민족 대표들이 모여 독립 선언식을 거행한 건물. 서울 종로구 인사동에 있던 요릿집인 명월관의 별관.
연단 연설이나 강연을 하는 사람이 올라서는 단.
학살하다 사람을 가혹하게 마구 죽이다.
자긍심 자신에게 긍지를 가지는 마음.

Q2

반짝퀴즈

1919년 3월 1일, 민족 대표와 학생, 시민들은 3·1 □□을/를 벌였다.

★ 3·1 운동의 전개와 결과

• 식민지 국가들의 독립과 일본 유학생들의 독립 선언은 3·1 운동에 영향을 주었다.
• 1919년 3월 1일, 민족 대표들이 독립 선언식을 하고 시민과 학생들이 만세 운동을 펼쳤다.
• 만세 시위가 전국적으로 퍼져 나가자 일제는 만세 시위를 잔인하게 진압했다(제암리 학살 사건).
• 3·1 운동은 민족의 자긍심을 높이고, 대한민국 임시 정부를 세우는 계기가 되었다.

1 다음은 3·1 운동이 일어난 지역을 나타낸 지도입니다. 이 지도에서 알 수 있는 사실은 무엇입니까? (   )

① 3·1 운동은 주로 서울에서 벌어졌다.

② 3·1 운동은 인명과 재산 피해가 없었다.

③ 3·1 운동은 지식인을 중심으로 벌어졌다.

④ 3·1 운동은 전국적으로 널리 퍼져 나갔다.

⑤ 탑골 공원에서만 3·1 운동이 활발하게 벌어졌다.

2 다음 인물이 말하는 밑줄 친 '나'는 누구인지 쓰세요.

나는 이화 학당에 다니는 어린 학생이었지만 3·1 운동에 참가했어요. 그리고 고향에서도 만세 시위를 벌이다 체포되어 감옥에서 숨을 거두었어요.

(   )

3 (가)에 들어갈 사건은 무엇입니까? (   )

역사 속 오늘

1919년 2월 8일

이날 일본 도쿄에서 우리나라 유학생들이 독립 선언서를 발표하였습니다. 이 사건은 국내에 자극을 주어 일제 강점기 최대의 민족 운동인 [(가)]의 도화선이 되었습니다.

① 3·1 운동　　　　② 국채 보상 운동　　　　③ 물산 장려 운동
④ 금 모으기 운동　　⑤ 광주 학생 항일 운동

2주 4일
학습 끝!

붙임 딱지 붙여요.

카드 세계사

제1차 세계 대전이 일어나다

제1차 세계 대전 중 보급품을 운송하는 독일 병사들

3·1 운동에 영향을 준 제1차 세계 대전(1914년)은 오스트리아가 세르비아에 선전 포고를 하면서 시작됐어요. 이 전쟁은 영국, 프랑스, 러시아 등의 연합국과 독일, 오스트리아 동맹국이 서로 대립하면서 유럽 전체로 규모가 커졌지요. 이 전쟁은 천만여 명이 죽고 2천만여 명이 다친 참혹한 전쟁이었어요. 전쟁 뒤에는 베르사유 조약을 맺고 세계 평화를 위해 '국제 연맹'이 만들어졌지요.

베르사유 조약 제1차 세계 대전이 끝난 뒤 연합국 31개국과 독일 사이에 맺은 조약.

대한민국 임시 정부는 어떤 노력을 했나요?

공부한 날짜: ☐ 월 ☐ 일

대한민국 임시 정부가 상하이에 세워진 까닭

당시 상하이는 프랑스의 조계지였어요. 조계지는 외국인이 자유롭게 물건을 사고팔며 외국 법에 따라 처벌받는 지역이었어요. 그래서 이곳에서는 일제의 간섭과 탄압을 피할 수 있었어요. 또, 상하이에는 세계 여러 나라의 대사관이 있어서 외교 활동을 펼치기도 쉬웠지요.

그래서 독립운동가들은 상하이에 대한민국 임시 정부를 세웠어요.

대한민국 임시 정부 청사(상하이)

상하이에 대한민국 임시 정부를 세우다

3·1 운동을 전후해서 국내외 여러 곳에서 임시 정부들이 만들어졌어요. 그러자 독립운동가들 사이에서는 우리 민족도 통합된 정부를 세워 힘을 하나로 모아야 한다는 목소리가 높아졌지요.

"여러 곳의 임시 정부를 모아 체계적으로 독립운동을 해야 해."

"맞아. 이왕이면 일제의 힘이 미치지 않고 외교 활동에도 편리한 상하이에 세우는 것이 어떤가?"

그래서 1919년 9월, 국내와 연해주, 상하이 등 여러 곳에 흩어진 임시 정부를 모아 중국 상하이에 대한민국 임시 정부를 세웠어요.

대한민국 임시 정부는 나라 이름을 '대한민국'으로 정하고 헌법을 만들었어요. 그리고 3·1 운동의 정신을 바탕으로 나라의 주권이 국민에게 있고, 국민이 뽑은 대표가 나라를 다스리는 민주주의 정치 체제를 갖추었어요.

대한민국 임시 정부는 비밀 연락망을 마련해 국내외 독립운동을

대한민국 임시 정부

지휘했어요. 또한 독립 자금을 모금하고, 『독립신문』을 발행하는 등 독립운동을 펼쳤지요. 그리고 다른 나라에 대한민국의 독립 의지를 보여 주는 외교 활동도 했어요.

하지만 대한민국 임시 정부의 앞날은 순탄하지 않았어요. 일제의 감시와 탄압이 중국까지 계속되면서 일제의 탄압을 피해 이곳저곳으로 옮겨 다녀야 했어요. 게다가 임시 정부에 참여한 사람들도 독립에 대한 생각이 달라서 어려움을 겪었어요.

"독립된 나라가 되려면 실력을 키우는 것이 먼저입니다."

"우리의 독립은 우리가 싸워서 얻어 내야 앞당길 수 있습니다."

하지만 이런 어려움에도 임시 정부는 한인 애국단을 만들고 임시 정부의 군대인 한국광복군을 키우며 항일 운동을 이어 갔어요.

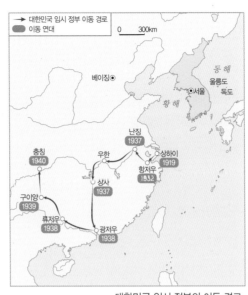

대한민국 임시 정부의 이동 경로

순탄하다 삶 등이 아무 탈 없이 순조롭다.

한인 애국단 1931년 중국 상하이에서 김구가 만든 항일 독립운동 단체. 일본의 주요 인물을 암살하려는 목적으로 조직되었음.

한국광복군 1940년에 만들어진 대한민국 임시 정부의 정규 군대. 국군은 물론이고 미국, 영국 등의 군대와 연합해 일본군과 맞서 싸웠음.

반짝퀴즈 Q1

□□□□ 임시 정부는 여러 임시 정부를 모아 체계적으로 독립 운동을 하기 위해 만들어졌다.

한인 애국단을 만든 까닭

한인 애국단은 대한민국 임시 정부에서 만든 항일 독립운동 단체예요. 임시 정부는 독립운동에 활기를 불어넣기 위해 한인 애국단을 만들었어요. 김구 선생을 중심으로 일제의 주요 인물을 암살하여 일제의 침략 야욕을 꺾는 데 목적을 두었어요.

김구

관병식 지휘관이 군대를 사열하는 의식.
거사 큰일을 일으킴.
궁내대신 일본 황실과 관련된 임무를 맡는 관리.

이봉창과 윤봉길, 일제에 저항하다

김구는 대한민국 임시 정부가 일제의 탄압과 여러 가지 어려움으로 방향을 잃고 떠다닐 때도 끝까지 자리를 지켰어요. 한인 애국단의 여러 독립운동가를 이끌며 무한한 존경을 받았어요.

어느 날 일본에서 일하던 이봉창이 한인 애국단을 이끄는 김구를 찾아왔어요.

"선생님, 저도 조선의 독립을 위해 싸우고 싶습니다."

그러고는 일본 왕이 도쿄의 관병식에 온다는 소식을 듣고 거사에 참여하겠다고 말했지요. 얼마 뒤 이봉창은 관병식을 마치고 돌아가는 일본 왕이 탄 마차에 수류탄을 던졌어요. 하지만 안타깝게도 폭탄은 일본 왕이 탄 마차에 미치지 못하고 궁내대신이 탄 마차가 뒤집혔지요. 이봉창의 의거는 실패했지만, 그의 행동은 한국의 독립 의지를 세계 만방에 보여 주었어요.

이봉창의 선서와 기념 촬영

윤봉길도 한인 애국단 중 한 사람이었어요. 윤봉길은 상하이 훙커우 공원에서 일본 왕의 생일을 기념하는 행사장에 폭탄을 던지는 임무를 맡았어요. 윤봉길은 큰일을 앞두고 김구를 찾아가서 시계를 건넸어요.

의거 전날 태극기 앞에 선 윤봉길

"선생님, 이 시계는 6원을 주고 산 시계인데, 선생님의 시계는 2원짜리이니 제 것과 바꾸시지요. 제 시계는 앞으로 한 시간 밖에 쓸 수 없을 테니까요."

윤봉길의 결연한 눈빛에 김구는 목이 메었어요.

한 시간 뒤, 윤봉길은 훙커우 공원에서 일본 인사들이 선 단상에 물병 폭탄을 던졌어요. 그리고 체포되어 25세의 나이로 옥중에서 순국했어요. 윤봉길의 의거는 일제와 싸우던 중국인들에게 한국인의 독립 의지를 보여 주었어요. 중국 정부는 이 의거에 크게 감동하여 대한민국 임시 정부를 지원하게 되었어요.

의거 정의를 위하여 개인이나 집단이 의로운 일을 도모함.
단상 교단이나 강단 등의 위를 뜻함.
순국하다 나라를 위하여 목숨을 바치다.

Q2
반짝퀴즈
□□□은/는 상하이 훙커우 공원에서 물병 폭탄을 던지는 의거를 했다.

휙

★ **나라를 되찾으려는 대한민국 임시 정부의 노력**

• 중국 상하이에 여러 임시 정부를 통합한 대한민국 임시 정부가 만들어졌다(1919년).
• 대한민국 임시 정부는 비밀 연락망을 조직해 독립운동을 지휘했다.
• 대한민국 임시 정부는 한인 애국단과 한국광복군을 만들었다.
• 이봉창은 도쿄에서 일본 왕이 탄 마차에 폭탄을 던지는 의거를 했다.
• 윤봉길은 상하이 훙커우 공원에서 일본 왕의 생일을 기념하는 행사장에 폭탄을 던지는 의거를 했다.

1 다음 중 상하이에 대한민국 임시 정부를 수립한 까닭을 골라 ○표 하세요.

대한민국 임시 정부 청사(중국 상하이)

(1) 독립운동을 체계적으로 하기 위해서 　　　　　　　　　　　　　　　(　　)

(2) 독립운동을 중국에서만 진행하기 위해서 　　　　　　　　　　　　　(　　)

(3) 일제의 식민 통치를 적극적으로 지원하기 위해서 　　　　　　　　　(　　)

2 다음은 대한민국 임시 정부의 이동 경로를 표시한 지도입니다. 대한민국 임시 정부가 계속 이동한 까닭은 무엇입니까? (　　　　　)

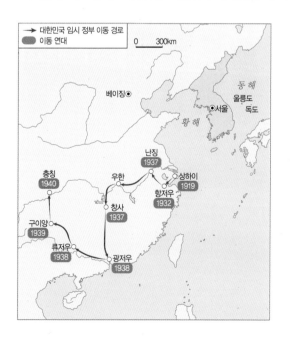

① 중국에서 세력을 더 넓히기 위해서

② 일제의 감시와 탄압을 피하기 위해서

③ 중국군과 함께 일제를 물리치기 위해서

④ 독립운동가들이 늘어나 넓은 곳이 필요해서

⑤ 다른 나라와 외교 활동을 활발히 하기 위해서

3 (가)에 들어갈 단체의 이름으로 알맞은 것은 무엇입니까? (   )

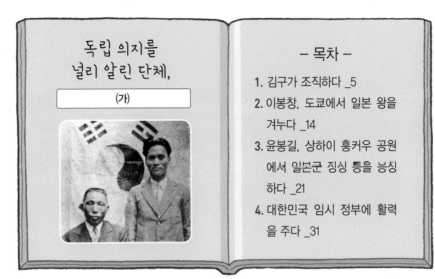

독립 의지를
널리 알린 단체,
(가)

2주 5일
학습 끝!

붙임 딱지 붙여요.

① 신간회   ② 독립 협회   ③ 한국광복군
④ 한인 애국단   ⑤ 만민 공동회

카드 세계사

국제 연맹이 만들어지다

국제 연맹 두 번째 회의 모습

상하이에 대한민국 임시 정부가 만들어질 때쯤 연합국들은 국제 평화 기구인 국제 연맹을 만들었어요(1920년). 제1차 세계 대전이 끝난 후 열린 파리 강화 회의에서 미국 대통령 윌슨은 세계 평화를 위해 국제 연맹을 만들자고 주장했어요. 이에 여러 나라가 찬성해서 스위스 제네바에 본부를 둔 국제 연맹이 만들어졌어요. 국제 연맹은 만들어진 후 약 10년 동안 세계 평화와 안전을 위해 활발하게 활동했어요.

연합국 전쟁 전 삼국 동맹을 맺은 독일, 오스트리아, 이탈리아에 대항하여 싸운 나라들의 연합. 러시아, 영국, 프랑스가 연합국의 중심이었음.

PART3

광복과 대한민국 정부 수립

제2차 세계 대전에서 일제가 항복하며 우리 민족은 광복을 맞았어요.
일제의 식민 지배에서 해방된 우리 민족은 대한민국 정부를 세웠어요.
그러나 새로운 나라에 대한 희망도 잠시였고 우리는 다시 6·25 전쟁을
겪게 되었어요. 8·15 광복을 맞게 되는 과정과 광복 이후에 벌어진 일들을
함께 살펴봐요.

12

민족 말살 통치에
우리 민족은 어떻게 저항했나요?

_82쪽

13

우리 민족은 어떻게
광복을 맞이했나요? _88쪽

11

일제의 문화 통치에
우리 민족은 어떻게 저항했나요?

_76쪽

일제의 문화 통치에 우리 민족은 어떻게 저항했나요?

물산 장려 운동

1920년대 일본 회사들이 빠르게 우리나라에 들어오자 조선 회사가 만든 물건을 사용하자는 물산 장려 운동이 일어났어요. '내 살림 내 것으로', '조선 사람 조선 것으로' 등의 구호를 만들어 일본 상품을 물리치고 국산품을 쓰자고 주장했어요. 평양에서 처음 시작한 이 운동은 전국으로 퍼져 많은 호응을 얻었지만 일제의 방해로 큰 성과를 거두지는 못했어요.

물산 장려 운동 포스터

헌병 군사 경찰의 구실을 하는 군인.
검열하다 언론, 출판, 보도, 연극, 영화, 우편물의 내용을 미리 조사해 발표를 제한하다.

일제, 문화 통치를 실시하다

3·1 운동에 혼쭐이 난 일제는 무력으로 다스리던 통치 방식을 바꾸었어요. 겉으로는 우리 민족의 전통과 문화를 존중하는 척하면서 실제로는 우리 민족의 독립 의지를 꺾으려는 속셈이었어요. 일제는 먼저 헌병 경찰 제도를 보통 경찰 제도로 바꾸었어요.

"어이구, 속 시원해. 이제 헌병을 보지 않아도 되겠군."

헌병이 경찰 업무를 하지 않게 되자 경찰의 수는 더 늘어났어요. 일제는 경찰의 수를 늘려 한국인을 더 촘촘히 감시했지요.

이전에 금지했던 언론과 출판, 모임과 단체를 만드는 일도 허락해 주었어요. 이때 『조선일보』, 『동아일보』 등의 신문이 만들어졌지만 일제는 미리 신문의 내용을 검열했어요.

또, 일제는 일본을 지지하고 협력하던 한국인들을 친일파로 만들어 우리 민족을 분열시키려고 했지요. 일본이 이와 같이 한국인을 다스리는 방식을 '문화 통치'라고 해요.

일제는 문화 통치를 펴는 한편 한반도에서 쌀의 생산량을 늘리는 산미 증식 계획을 발표했어요. 당시 일본에서는 공장이 늘어나고 농민이 줄어 식량이 부족했어요. 그러자 쌀값이 올라 곳곳에서 시위가 일어났지요. 일제는 우리나라의 쌀 생산량을 늘려 일본 내부의 문제를 해결하려고 했어요.

일제는 저수지를 만들고 황무지를 개간하며 쌀의 종자를 개량했어요. 쌀 생산량은 늘어났지만 늘어난 양보다 더 많은 양을 일본에 보냈어요. 그러자 국내에는 쌀이 부족해져서 한국인의 생활은 더 어려워졌어요.

일제가 우리 민족을 분열시키고 경제를 힘들게 하자 독립운동도 민족의 실력을 키워야 한다는 방향으로 바뀌었어요.

"국산품을 애용합시다!"

"경성(서울)에도 대학을 만듭시다!"

우리 민족은 경제, 교육, 문화 면에서 실력을 키우자고 주장하며 국산품을 애용하자는 물산 장려 운동과 대학을 세우자는 운동을 벌였어요.

산미 증식 계획 일제가 조선을 일본의 식량 공급지로 만들기 위한 농업 정책.
종자 식물에서 나온 씨 또는 씨앗.
개량하다 나쁜 점을 보완하여 더 좋게 고치다.
애용하다 좋아하여 애착을 가지고 지주 사용하다.

Q1

반짝퀴즈

3·1 운동 이후 일본은 친일파를 키워 내는 □□ 통치를 했다.

□ □

조선 사람들은 조선 물건을 씁시다!

국산품을 애용합시다!

조선의 실력을 키우기 위해 대학을 만듭시다!

조선사람 조선 것으로!

의열단

김원봉은 12명의 친구들과 함께 '정의를 맹렬하게 실행하자.'는 뜻의 의열단이라는 단체를 만들었어요. 의열단은 조선 총독, 일본 대장, 일제의 앞잡이 노릇을 하는 밀정과 친일파를 암살하는 투쟁을 벌였어요.

의열단

체계 일정한 원리에 따라서 낱낱의 부분이 짜임새 있게 만들어져 통일된 전체.
초소 부대에서 경계와 감시의 임무를 하는 장소.
유인하다 주의나 흥미를 일으켜 꾀어내다.

봉오동과 청산리에서 독립군이 활약하다

3·1 운동 뒤 만주와 연해주 지역에는 독립군에 지원하는 한국인들이 늘었어요. 독립군들은 여러 지역에서 저마다 군사 체계를 갖추어 활동했는데, 필요하면 함께 모여 작전을 펼치기도 했어요. 봉오동 전투와 청산리 전투는 이렇게 독립군 연합 부대가 승리를 거둔 전투였어요.

봉오동 전투는 한 독립군 부대가 일본의 헌병 초소를 공격하면서 일어났어요. 이에 일본군은 독립군을 진압하려고 1개 중대를 이끌고 나섰어요. 두만강 건너까지 독립군을 뒤쫓아 가며 공격하던 일본군은 독립군 부대에 크게 패했지요.

홍범도

그러자 화가 난 일본군은 더 많은 군대를 이끌고 봉오동 깊숙한 곳까지 공격해 왔어요. 봉오동 지역을 잘 알고 있던 홍범도는 수백 명의 독립군 연합 부대를 이끌고 전투에 유리한 곳으로 일본군을 유인했어요. 그리고 삼면에서 완벽하게 에워싼 뒤 공격해 크게 승리했어요.

봉오동 전투에서 큰 패배를 맛본 일본군은 독립군을 완전히 뿌리 뽑으려고 했어요. 그래서 돈을 주고 중국의 마적단까지 끌어들여 일본이 마적단에게 습격당한 것처럼 꾸몄어요. 일본군은 이 사건

봉오동 전투와 청산리 대첩이 발생한 지역

을 빌미 삼아 독립군을 공격하려고 대규모의 군대를 보냈지요.

1920년 10월, 일본군이 대군을 이끌고 독립군을 공격해 왔어요. 김좌진과 홍범도가 이끄는 독립군 부대는 계획을 미리 알고 청산리 골짜기에 숨어 있다가 일본군과 전투를 벌였어요. 김좌진과 홍범도 부대는 싸움에 유리한 지형과 전술을 이용해 천여 명의 일본군을 무찔렀지요. 청산리에서의 전투는 독립군이 거둔 가장 큰 승리였기 때문에 '청산리 대첩'이라고도 불러요.

마적단 말을 타고 떼를 지어 다니는 도둑의 무리.
습격당하다 갑자기 상대편에게 덮침을 당하다.
지형 땅의 생긴 모양이나 형세를 뜻함.
전술 전쟁 또는 전투 상황에 대처하기 위한 기술과 방법.

Q2
반짝퀴즈

홍범도와 김좌진이 이끄는 독립군 부대가 청산리 일대에서 일본군을 물리친 전투는 □□□ 대첩이다.

☆ 일제의 문화 통치와 우리 민족의 저항

• 3·1운동 이후 일제는 문화 통치로 다스리는 방식을 바꾸었다.

• 일제는 우리 민족의 독립 의지를 꺾기 위해 친일파를 키워 내 민족을 분열시키려고 했다.

• 일제는 산미 증식 계획을 세워 늘어난 생산량보다 더 많은 쌀을 일본에 가져갔다.

• 일본의 수탈로 우리나라의 식량 사정이 나빠졌다.

• 3·1 운동 이후 독립군은 봉오동 전투와 청산리 대첩에서 일본군에 큰 승리를 거두었다(1920년).

1 다음 세 친구가 말하는 일본의 통치 방식을 보기에서 찾아 쓰세요.

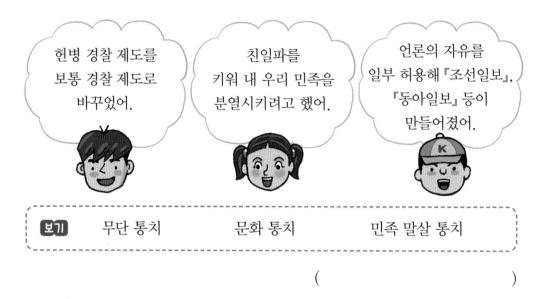

헌병 경찰 제도를
보통 경찰 제도로
바꾸었어.

친일파를
키워 내 우리 민족을
분열시키려고 했어.

언론의 자유를
일부 허용해 『조선일보』,
『동아일보』 등이
만들어졌어.

보기   무단 통치   문화 통치   민족 말살 통치

(   )

2 다음 (개), (내)에서 설명하는 독립군의 전투는 무엇인지 쓰세요.

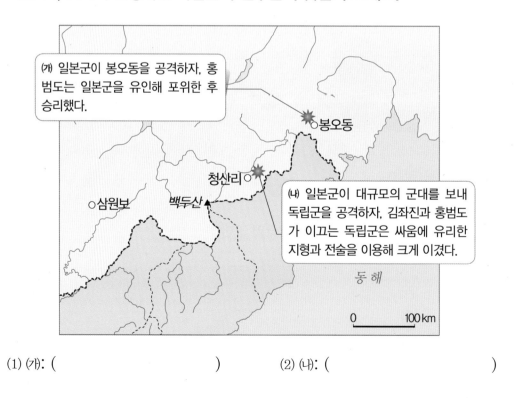

(개) 일본군이 봉오동을 공격하자, 홍범도는 일본군을 유인해 포위한 후 승리했다.

○봉오동

청산리○

○삼원보   백두산▲

(내) 일본군이 대규모의 군대를 보내 독립군을 공격하자, 김좌진과 홍범도가 이끄는 독립군은 싸움에 유리한 지형과 전술을 이용해 크게 이겼다.

동 해

0   100 km

(1) (개): (   )   (2) (내): (   )

3 다음 밑줄 친 '이 정책'은 무엇입니까? (   )

그림 속 쌀 탑이 세 워진 상황에 대해 설 명해 주세요.

일제는 일본의 식량 부족 문제를 해결 하려고 이 정책을 실시했어요. 그러나 많은 쌀이 일본으로 빠져나가 조선의 식량 사정이 나빠졌어요.

3주 1일 학습 끝!

붙임 딱지 붙여요.

① 방곡령   ② 산미 증식 계획   ③ 농촌 계몽 운동

④ 토지 조사 사업   ⑤ 물산 장려 운동

카드 세계사

중국, 5·4 운동이 일어나다

중국 베이징 천안문 광장의 시위대 모습(1919년)

우리나라의 3·1 운동 두 달 후 중국에서는 5·4 운동이 일어났어요. 일본은 제1차 세계 대전 후 중국을 침략했어요. 베이징 대학생과 시민들은 천안문 광장에 모여 일본의 굴욕적인 21가지 요구를 받아들인 친일파를 처벌하라고 요구했어요. 시위 는 전국으로 퍼져 나가 학생들은 학교를 쉬고 상인들은 가게 문을 닫으며 정부에 항의했지요. 5·4 운동을 계기로 중국에서는 항일 운동이 더욱 활발해졌어요.

21가지 요구 독일이 가지 고 있던 산둥반도를 일본 이 가져가는 등 모든 일에 일본의 허락을 받는다는 내용의 21개 요구 조건.

공부한 날짜: ☐월 ☐일

민족 말살 통치에 우리 민족은 어떻게 저항했나요?

일제, 민족 말살 통치를 시작하다

1930년대에 접어들 무렵 미국에서 시작된 대공황으로 일본 경제는 심각한 위기에 빠졌어요. 이 위기에서 벗어나려고 일제는 만주, 중국 등에서 전쟁을 일으켰어요. 그리고 이 전쟁에 한국인을 동원하기 위해 민족정신을 말살시키려고 했어요.

"우리말을 쓰지 못하고 우리 역사를 배우지도 못한다고요?"

"왜 우리가 일본인처럼 신사에 절을 해야 하나요?"

일제는 우리나라 사람들에게 우리말 대신 일본어를 쓰도록 강요했어요. 우리나라가 식민 지배를 받는 것이 당연하다고 생각하도록 우리 역사를 사실과 다르게 가르쳤지요. 우리나라 사람들은 이름을 일본식 성과 이름으로 바꾸어야 했어요. 또, 전국에 세워진 신사에 강제로 절하는 등 온갖 어려움을 겪었어요.

일제는 이때부터 『조선일보』, 『동아일보』 등을 폐간시키며 한국인의 눈과 귀를 모두 막아 버렸어요.

수요 시위와 평화의 소녀상
일본군 위안부는 일본군과 일본 정부가 전쟁터에 강제로 끌고 가 모진 고통을 당한 우리나라 여성들이에요. 1993년 일본은 '일본군 위안부' 사실을 일부 인정하고 사과했지만 다시 뒤집는 말과 행동을 계속하고 있어요. 이에 많은 시민이 매주 수요일마다 주한 일본 대사관 앞에 모여 수요 시위를 벌이고 있어요. 또, 일본군 위안부 피해자들의 명예와 인권을 회복시키려고 국내외 여러 곳에 '평화의 소녀상'을 세웠어요.

평화의 소녀상

대공황 세계적으로 일어나는 큰 규모의 경제 혼란 현상. 흔히 1929년에 있었던 세계적인 공황을 이름.

수레 → くるま (구루마)

투정 → てんかん (뗑깡)

흠집 → きず (기스)

일제는 1937년 중국을 침략하며 중국과 본격적으로 전쟁을 벌였어요. 전쟁이 아시아로 확대되자 일제는 전쟁에서 싸울 군인을 비롯해 무기와 물건을 만들 노동자가 필요했어요. 그래서 국가 총동원법을 만들어 우리나라 사람들을 무기 공장에서 일하는 노동자나 군인으로 끌고 갔어요.

"아이고, 이를 어쩌나? 우리 아들은 아직 열네 살인데 군인이라니……."

일념비(일제 학도병 징집 기념비)

처음에는 청년들을 전쟁터로 끌고 갔지만 전쟁 막바지가 되자 어린 학생들까지 학도병으로 끌려갔어요. 한국인 노동자들은 비행장을 닦고 무기를 만드는 공장에서 일했어요. 여성들은 일본군 위안부로 전쟁에 끌려가 모진 고통을 당했지요.

조선에 남은 사람들의 고통도 엄청났어요. 일제는 군량미와 무기 재료를 얻으려고 집집마다 돌아다니며 쌀과 금속을 빼앗았어요. 가난한 살림에 그나마 있던 곡식과 비녀, 놋그릇, 숟가락까지 빼앗긴 한국인들은 살길이 더 막막해졌어요.

말살시키다 있는 사물을 뭉개어 아주 없애 버리다.
신사 일본 왕실의 조상이나 국가에 큰 공로를 세우거나 교육과 상업 등에 공이 있는 사람을 신으로 모신 사당.
국가 총동원법 1938년에 일본이 전쟁을 치르기 위하여 인적, 물적 자원을 통제하고 동원할 목적으로 만든 법률.
학도병 학생 신분으로 군대에 들어간 병사.

Q1
반짝퀴즈
일제는 □□에 한국인을 동원하기 위해 민족 말살 통치를 했다.

안 돼!

놋그릇, 숟가락과 금비녀 다 내노무니다!

한글이름 ✕
일본이름 ⭕
예: 순자 ➡ 준코

じゅんこ!
(준코!)

헐

83

이육사 이름의 비밀

이육사라는 이름으로 유명한 이원록은 항일 운동으로 열일곱 번이나 감옥에 갔던 시인이에요. 처음 감옥에 갔을 때 죄수 번호가 264번이었기 때문에 자신의 호를 '육사'라고 짓고 이육사로 작품 활동을 했어요.

이육사는 일제 강점기에 「광야」, 「청포도」 같은 작품을 지어 독립의 의지를 드러냈어요. 작품을 쓰며 광복을 기대했으나 광복을 맞기 1년 전 감옥에서 숨을 거두었어요.

이육사

강습회 일정 기간 학문을 익히고 지도하기 위해 여는 모임.

민족 문화를 지키고 광복을 위해 투쟁하다

일제의 민족 말살 통치에도 우리 민족은 민족정신을 지키고 나라를 되찾으려고 다양한 노력을 기울였어요.

신채호는 우리 민족의 우수성을 알리고 민족의 정신을 일깨우려고 『을지문덕전』, 『이순신전』 등 우리 민족 영웅의 전기를 썼어요.

신채호

"조선 민족은 오랜 옛날부터 자기만의 역사를 발전시켜 왔어."

신채호는 『조선 상고사』 같은 책을 써서 일본이 우리 민족을 지배했다는 일본 역사가들의 주장을 강렬하게 반박하고, 우리 민족의 뿌리를 찾으려 애썼지요.

조선어 학회는 한글날을 만들어 우리 글의 가치를 알렸어요. 또, 『조선말 큰사전』을 펴내기 위해 힘쓰고 한글 맞춤법 통일안을 만드는 등 우리말과 글을 이어 가려는 노력을 펼쳤지요. 또, 강습회를 열어 한글을 널리 보급하는 데 힘썼어요.

한용운, 이육사 등 여러 문인들도 독립의 의지를 담은 문학 작품을 발표해 한국인에게 용기와 희망을 주었지요.

한편 만주와 중국에서 무장 독립 투쟁을 하던 독립운동가들은 곳 곳에서 독립을 위한 준비를 해 오고 있었어요. 당시 일제가 만주 사변을 일으키자 독립군은 중국군과 연합하여 일본군과 싸웠어요. 그리고 중일 전쟁으로 일제의 중국 침략이 거세어지자 독립군들은 중국에서 활동하기 시작했어요.

"이제 대한민국 임시 정부도 정식 군대를 만들어 싸워야겠소."

충칭에 자리 잡은 대한민국 임시 정부는 1940년 정식 군대인 한국광복군을 만들었어요. 한국광복군에는 만주와 연해주에서 활동하던 독립군과 김원봉이 이끄는 조선 의용대까지 한데 모여 비로소 군대의 모습을 갖추었어요. 태평양 전쟁이 벌어지자, 한국광복군은 연합군과 함께 인도와 미얀마에서 일본군과 싸웠어요. 또, 미국과 함께 국내로 침투할 비밀 작전을 짜기도 했어요.

만주 사변 1931년 일본이 만주를 일본 영토로 삼기 위해 침략하여 만주국을 세운 사건을 이름.
중일 전쟁 1937년 일본의 침략으로 중국과 일본 사이에 벌어진 전쟁.
조선 의용대 1938년 김원봉 등이 일제에 맞서 싸우기 위해 만든 독립운동 부대.

Q2
반짝퀴즈
신채호는 『을지문덕전』 같은 민족 영웅의 □□을/를 써서 우리 민족의 우수성을 알렸다.

조선의 독립을 위해 싸우자!

한국광복군

⭐ 민족 말살 통치와 나라를 되찾으려는 노력
- 일제는 전쟁에 한국인을 동원하기 위해 민족 말살 통치를 했다.
- 일본어와 일본식 이름을 쓰고, 왜곡된 역사를 배우게 하며, 강제로 신사에 참배하게 했다.
- 일제는 중국에서 전쟁을 일으켜 한국인을 무기 공장의 노동자나 군인으로 강제 동원했다.
- 신채호와 조선어 학회를 비롯한 독립운동가와 단체들은 우리 민족 문화를 지키려고 노력했다.
- 만주와 중국에서는 독립군과 한국광복군이 나라를 되찾기 위해 무장 투쟁을 벌였다.

1 다음 중 일제가 우리 민족정신을 없애려고 한 일에 <u>모두</u> ○표 하세요.

(1) 우리 민족에게 희망을 주려고 독립 의지를 담은 문학 작품을 썼어요.

(   )

(2) 우리나라 사람들은 전국에 세워진 신사에 강제로 절을 해야 했어요.

(   )

(3) 우리나라가 식민 지배를 받는 것이 당연하다고 생각하도록 우리나라의 역사를 왜곡했어요.

(   )

(4) 한글날을 만들고 한글을 널리 보급하는 등 우리 글의 가치를 알리려고 했어요.

(   )

2 다음에서 설명하는 인물의 이름을 쓰세요.

• 대한 제국 시기와 일제 강점기에 활동한 독립운동가이자 역사 학자이다.
• 『을지문덕전』, 『이순신전』과 같은 민족 영웅의 전기를 썼다.
• 『조선 상고사』에서 고조선부터 시작하는 우리 고대사를 소개해 우리나라 역사를 축소하고 왜곡하던 일본 역사가들의 주장을 정면으로 반박했다.

(   )

3 다음 밑줄 친 '이 단체'는 어느 것입니까? (   )

이윤재, 최현배 등이 중심이 된 <u>이 단체</u>는 한글 연구와 보급에 앞장섰어요.

우리말과 우리글을 지킨 학자들

3주 2일
학습 끝!

붙임 딱지 붙여요.

① 의열단   ② 독립군   ③ 헌정 연구회
④ 조선어 학회   ⑤ 한인 애국단

카드 세계사

세계 대공황이 일어나다

무료 급식소에 줄을 선 시카고의 실업자들

1930년대 이후 일본이 침략 전쟁을 벌이게 된 것은 세계 대공황 때문이었어요. 세계 대공황(1929년)은 세계 경제를 이끌던 미국의 경제 위기가 세계 전역으로 퍼지며 일어난 경제 위기예요. 대공황으로 미국과 유럽의 회사들이 원자재 수입을 줄이자 동아시아의 대표 공업국인 일본도 수출량이 줄어 경제가 어려워졌어요. 제1차 세계 대전의 상처를 회복하던 세계는 대공황으로 큰 타격을 입었어요.

원자재 공업 생산의 원료가 되는 재료.

우리 민족은 어떻게 광복을 맞이했나요?

공부한 날짜: ☐월 ☐일

미국 전략 정보처 대원과
한국 광복군 간부들

무장 투쟁 정치, 군사적 목적을 이루려고 무장 집단이 조직적으로 벌이는 군사 행동.
총통 나랏일을 시행하는 최고 책임 직위.

광복을 위해 준비를 하다

일본이 시작한 전쟁이 길어질수록 나라 안팎의 독립운동가들은 일제의 멸망이 얼마 남지 않았다는 것을 알아챘어요. 일본은 오랫동안 계속된 전쟁으로 나라의 재정이 바닥나고 군인들의 사기도 점점 떨어졌지요. 한국광복군을 비롯한 독립운동가들은 일본을 향한 최후의 일격을 준비하면서 무장 투쟁을 계속했어요.

그 무렵 김구는 미국, 영국, 중국의 대표들이 이집트 카이로에 모여 회담을 연다는 소식을 들었어요.

"총통님, 카이로 회담 소식을 들었습니다. 일제가 전쟁에서 지면 우리 한국이 즉시 독립할 수 있게 힘써 주십시오."

김구는 장제스 중국 총통을 찾아가 카이로 회담에서 한국을 즉시 독립시켜 달라고 부탁했어요. 장제스는 카이로 회담에서 이를 받아들이자고 제안했고 그 결과 연합국들의 약속을 받아 냈어요.

그리고 얼마 뒤 포츠담에서 영국, 미국, 소련의 대표들이 모여 카이로 선언을 실천하고 일본의 영토를 4개의 섬과 작은 섬들로 제한하자고 다시 결정했지요.

일본 히로시마, 나가사키 원자 폭탄 투하

제2차 세계 대전 중 일본과 싸우던 연합국들은 독립운동가들의 노력을 인정해 여러 회담에서 우리나라의 독립을 약속했어요. 이런 세계의 움직임에도 일본은 여기저기서 싸움을 계속해 나갔어요. 그러자 미국은 전투기를 동원해서 일본의 히로시마와 나가사키에 차례로 원자 폭탄을 터트렸어요. 원자 폭탄은 도시 전체를 송두리째 무너뜨리는 등 일본에 큰 피해를 주었어요.

"무조건 항복하겠소! 무조건 항복하오!"

이 일로 수많은 일본인이 죽자 일본 왕이 무조건 항복하겠다는 선언문을 발표했어요. 마침내 일본이 전쟁에서 졌고, 제2차 세계 대전도 끝이 났어요.

제2차 세계 대전 1939~1945년에 일어난 대규모 세계 전쟁으로 인류 역사상 가장 많은 피해를 남긴 전쟁.
원자 폭탄 원자핵이 분열할 때 생기는 에너지를 이용한 폭탄.
항복하다 적이나 상대편의 힘에 눌리어 굴복하다.

Q1
반짝퀴즈
제2차 세계 대전 중 연합국은 여러 회담에서 조선의 □□을/를 약속했다.

☐ ☐

1945년   히로시마   나가사키   콰   콰   쾅   부-앙

89

광복 이후 달라진 어린이들의 생활
광복 이전에는 일본어를 쓰고 일본인 선생님에게 수업을 들어야 했어요. 하지만 광복 후에는 우리말과 글을 쓸 수 있게 되었고 우리나라 선생님에게 수업을 받을 수 있었어요. 또, 학교에서 태극기도 볼 수 있게 되었어요.

광복 다른 나라에 뺏긴 땅과 주권을 도로 찾음.
건국 강령 1941년 중국 충칭에 있던 대한민국 임시 정부가 만든 새로운 나라의 운영 방침.
치안 국가 사회의 안녕과 질서를 유지하고 보전함.

광복의 기쁨을 누리다

1945년 8월 15일! 연합국이 전쟁에서 승리하면서 우리나라에 역사적인 광복의 날이 찾아왔어요. 일본 왕이 항복하는 순간이 라디오를 타고 생생하게 전해졌어요.

"참말이오? 일본이 전쟁에 졌다는 게?"

"그렇다잖아요? 광복이 됐대요!"

시민들은 믿기지 않는 현실에 서로 묻고 또 물었어요.

"대한 독립 만세! 우리나라 만세!"

너 나 할 것 없이 부둥켜안고 태극기를 흔들며 목이 터져라 외쳤어요. 서대문 형무소에서 조국의 독립만을 기다렸던 애국지사들도 해방되어 기쁨을 함께했어요.

광복 직후 대한민국 임시 정부는 새로운 나라를 세우기 위한 건국 강령을 발표했어요. 국내에서는 여운형을 중심으로 민족 지도자들이 건국을 준비하는 단체를 만들어 치안과 질서를 유지하려고 했어요.

곧이어 중국, 일본, 미국 등으로 떠났던 동포들이 돌아왔지요.

어린이들은 해방된 나라에서 우리말과 글을 배울 수 있게 되었어요.

그런데 해외에서 독립을 준비하던 독립운동가들은 해방의 기쁨을 함께하지 못했어요. 충칭 대한민국 임시 정부 사람들은 원통했지요.

서대문 형무소에서 풀려난 애국지사들

"얼마나 기다린 광복인데, 내 맘대로 내 조국에 못 간단 말이냐!"

광복 직후 일본군의 무장 해제 때문에 우리나라에 들어온 미군과 소련군은 대한민국 임시 정부를 공식적으로 인정하지 않았어요.

결국 광복된 지 세 달이 지나서 10월에는 이승만이, 11월에는 김구를 비롯한 대한민국 임시 정부의 주요 인물들이 돌아왔어요. 조국에서 만난 이들은 독립에 대해 서로 생각이 달랐어요. 하지만 우리 민족의 독립 국가를 세우려는 마음만은 같았답니다.

반짝퀴즈 Q2

1945년 8월 15일, 우리나라는 □□을/를 맞이했다.

★ 8·15 광복

• 제2차 세계 대전 중 연합국은 독립운동가들의 끊임없는 노력을 인정하여 독립을 약속했다.

• 연합국이 전쟁에서 승리하면서 우리나라는 광복을 맞이했다(1945년).

• 대한민국 임시 정부는 건국 원칙을 발표했고, 국내에도 건국 준비 단체가 만들어졌다.

• 광복 소식이 전해지자 다른 나라에 머물던 동포들이 국내로 돌아왔다.

• 광복 직후 어린이들은 우리말과 글을 쓰고 배울 수 있게 되었다.

1 다음 사진 속 상황을 맞이하게 된 배경입니다. 둘 중 알맞은 낱말에 ○표 하세요.

서대문 형무소에서 풀려난 애국지사들

(1) 제2차 세계 대전에서 (일본 / 연합국)이 이겼기 때문이다.

(2) 국내외 (독립운동가 / 친일파)들이 끊임없이 노력했기 때문이다.

2 네 친구 중 광복 후 우리나라의 모습에 대해 알맞게 말한 친구에 <u>모두</u> ○표 하세요.

(1) 대한민국 임시 정부는 건국의 원칙을 발표했어요.

(   )

(2) 어린 학생들은 우리말 대신 일본어로 수업을 받았어요.

(   )

(3) 우리나라 사람들이 중국, 일본, 미국 등 다른 나라로 떠났어요.

(   )

(4) 김구를 비롯한 임시 정부의 주요 인물들이 우리나라로 돌아왔어요.

(   )

3 ㈎에 들어갈 내용으로 알맞은 것은 어느 것입니까? (   )

역사 인물 보고서
○○ 모둠

1. **이름**: 여운형
2. **선정 이유**: 독립운동에 힘썼으며, 광복 이후 새로운 나라를 세우기 위해 노력하였다.
3. **주요 활동**
   - 대한민국 임시 정부 수립에 참여하였다.
   - 『조선중앙일보』 사장을 지냈다.
   - [㈎]

① 청산리 대첩을 이끌었다.
② 한인 애국단을 만들었다.
③ 이토 히로부미를 총으로 쏘았다.
④ 건국을 준비하는 단체를 만들었다.
⑤ 한국광복군의 대장으로 독립운동을 이끌었다.

3주 3일 학습 끝!

붙임 딱지 붙여요.

카드 세계사

일본, 태평양 전쟁에서 항복하다

미국 전함에서 항복 문서에 서명하는 일본 외무대신

태평양 전쟁은 제2차 세계 대전 중 일본이 전쟁에서 부족한 자원을 얻으려고 일으킨 전쟁이에요. 이 전쟁은 일본이 미국 하와이의 진주만을 기습 공격하면서 시작되었어요. 처음에는 일본이 동남아시아를 빠르게 점령했지만 미국이 미드웨이 해전에서 승리하면서 대세가 기울었지요. 1945년 미국이 히로시마와 나가사키에 원자 폭탄을 떨어뜨리면서 일본이 무조건 항복을 선언했어요.

미드웨이 해전 1942년 6월 미드웨이섬 부근에서 미국 해군과 일본 해군 사이에 벌어진 싸움.

대한민국 정부는 어떻게 세워졌나요?

공부한 날짜: 월 일

모스크바 3국 외상 회의
이 회의는 1945년 12월에 미국, 영국, 소련 등 3국의 외무 장관이 제2차 세계 대전 후의 문제를 처리하기 위해 모인 회의예요. 세 나라의 외무 장관은 한반도에 임시로 민주 정부를 수립하고 미·영·중·소에 의한 최고 5년간의 신탁 통치 등을 결정했어요.

38도선 제2차 세계 대전이 끝나면서 미국과 소련이 북위 38도선을 경계로 한반도를 남과 북으로 나누어 점령한 군사 활동의 한계선.
주둔하다 군대가 임무를 이루기 위해 일정한 곳에 집단적으로 얼마 동안 머무르다.
미소 공동 위원회 1946년 1월에 미국과 소련의 대표가 서울에서 조직한 위원회.
신탁 통치 제2차 세계 대전 후, 국제 연합에서 책임을 넘겨 받은 나라가 행하는 통치 형태.

민족의 분단이 시작되다

일본이 항복하자 일본군의 무장을 해제하기 위해 미국과 소련이 38도선을 사이에 두고 주둔했어요. 우리 민족도 여운형이 치안을 유지하며 건국을 준비하고 있었지요. 이 상황에서 미국, 영국, 소련 세 나라의 외무 장관은 모스크바에서 모여 한반도 문제를 어떻게 할 것인지 논의했어요. 이를 '모스크바 3국 외상 회의'라고 해요.

이들은 한반도에 임시 정부를 세우기로 했어요. 그리고 임시 정부를 수립하기 전에 미소 공동 위원회를 두어 5년 동안 신탁 통치를 하자고 합의했지요.

그런데 이 사실을 잘못 보도해서 큰 문제가 생겼어요. 핵심 내용은 쏙 빠지고 '미국은 즉시 독립 주장, 소련은 신탁 통치 주장!'이라고만 신문에 보도된 것이에요.

"뭐? 신탁 통치라고? 35년 동안 일제에 눌려 산 것도 억울한데 또다시 신탁 통치라니 말도 안 돼!"

우리 민족은 신탁 통치에 반대하는 운동을 펼쳤어요.

그런데 소련이 모스크바 3국 외상 회의의 전문을 공개하면서 우리나라 사람들 중 일부가 신탁 통치에 찬성했어요. 나중에서야 신문 기사가 가짜 뉴스라는 것이 밝혀졌어요. 하지만 신탁을 반대하는 쪽에서는 소련과 공산주의에 반대하며 반탁 운동을 벌였지요. 이렇게 나라 안에서는 신탁 통치에 찬성하는 사람들과 반대하는 사람들이 서로 맞서며 갈등이 일어났어요.

신탁 통치 반대 운동

전문 어떤 글에서 한 부분도 빼지 않은 전체.
공산주의 모든 재산은 사회의 구성원이 함께 공동으로 가져야 한다는 주장.
반탁 신탁 통치를 반대함.
파문 어떤 일이 다른 데에 미치는 영향.

한편 미국과 소련은 임시 정부의 구성 방법을 논의하려고 미소 공동 위원회를 열었어요. 그러나 미국과 소련 모두 한반도에 자기 입맛에 맞는 정부를 세우려고 해서 합의를 이루지 못한 채 회의를 끝내고 말았어요.

"미국과 소련만 믿다가 통일 정부를 세우기 어려울 것 같으니 남한만이라도 정부를 세워야 합니다!"

마음이 급해진 이승만은 정읍에서 남한만이라도 정부를 세우자고 주장해 파문을 일으켰어요.

반짝퀴즈 Q1

일본군의 무장 해제를 위해 미국과 □□이/가 38도선을 경계로 한반도의 남쪽과 북쪽에 각각 주둔했다.

신탁 통치로 임시 정부를 만들자!

신탁 통치라니, 말도 안 된다! 공산당과 소련은 물러나라!

신탁 통치 찬성

신탁 통치 반대

친탁

반탁

대한민국 정부 수립 과정에서 나온 서로 다른 주장

남한에서는 남한만의 총선거를 주장하는 쪽과 통일 정부를 수립하자는 쪽의 주장이 서로 맞섰어요.

이승만은 선거가 가능한 남한만이라도 정부를 세워야 한다는 주장을 내세웠어요. 반면 김구는 남북한이 함께 통일 정부를 세워야 한다고 주장했지요.

한편 북한에서는 총선거를 반대했지요. 결국 국제 연합은 남한만이라도 총선거를 치르기로 결정했어요.

이승만   김구

남한만의 총선거로 대한민국 정부가 수립되다

이승만의 주장에 놀란 여운형과 김규식은 민족의 마음을 하나로 합쳐 통일 정부를 만들기 위해 만났어요.

"안 될 말이오. 남한만의 단독 정부는 민족의 분단을 가져올 뿐입니다. 남과 북이 힘을 합해 하나의 정부를 세워야 합니다."

두 사람은 좌우 합작 운동을 이어 갔지만 여운형이 암살되는 바람에 뜻대로 결실을 이루지 못했어요.

이후 임시 정부를 수립하는 문제로 미소 공동 위원회가 다시 열렸지만 두 나라의 생각은 여전히 달랐어요. 이번에도 합의를 이루지 못하자 미국과 소련은 한반도 문제를 국제 연합(UN)에 넘겼어요. 국제 연합은 남북한 총선거로 통일 정부를 세우기로 결정하고 한국 임시 위원단을 우리나라에 보냈어요. 그런데 소련은 한반도에서 미군과 소련군이 함께 물러나자고 하며 38도선 북쪽으로 위원단이 들어오지 못하게 막았어요.

이에 선거가 가능한 남한만이라도 총선거를 하자고 주장하는 쪽과 통일 정부를 수립하자는 쪽의 주장이 서로 맞섰지요.

결국 국제 연합은 남한만 총선거를 하기로 결정했어요. 이것은 남과 북의 실질적 분단을 의미하는 것이었지요. 김구와 김규식은 북한으로 가서 통일 정부를 세우자고 설득했지만 끝내 실패했어요.

이승만 초대 대통령 취임식

분단 동강이 나게 끊어 가름.
좌우 합작 운동 1946년에 우익 측의 김규식과 좌익 측의 여운형을 중심으로 전개된 남북한 통일 정부 수립 운동.
제헌 국회 헌정 사상 최초로 만들어진 의회. 헌법을 제정했기 때문에 제헌 국회라 함.

1948년 5월 10일, 마침내 남한은 국제 연합이 지켜보는 가운데 국회 의원을 뽑는 총선거를 했어요. 5·10 총선거에서 뽑힌 제헌 국회에서는 헌법을 만들고 7월 17일에 온 국민에게 알렸어요.

또, 제헌 국회 의원들은 초대 대통령으로 이승만을 뽑아 1948년 8월 15일에 대한민국 정부가 수립되었어요.

"새 나라 대한민국이 탄생했다네."

"그래! 헌법을 가진 민주 독립 국가라네."

대한민국 정부는 대한민국 임시 정부의 전통을 이으면서 우리 민족의 오랜 염원을 이룬 독립 정부였어요.

한편 북한도 북한만의 선거를 치렀고 1948년 9월에 조선 민주주의 인민 공화국이 세워졌어요. 이렇게 우리나라는 남과 북두 개의 나라로 나누어졌어요.

Q2

반짝퀴즈

1948년 5월 10일, 남한은 □□□을/를 통해 국회 의원을 뽑았다.

★**한반도 분단과 대한민국 정부 수립**

• 미국과 소련은 일본군의 무장 해제를 위해 38도선을 경계로 남쪽과 북쪽에 각각 주둔했다.

• 모스크바 3국 외상 회의에서 임시 정부 수립과 신탁 통치를 결정했다.

• 두 차례의 미소 공동 위원회에서 임시 정부 수립에 합의하지 못해 이 문제가 국제 연합에 넘어갔다.

• 국제 연합은 남한만의 총선거를 결정해 제헌 국회와 대한민국 정부가 세워졌다(1948년).

• 북한도 조선 민주주의 인민 공화국을 세워 한반도가 두 나라로 나누어졌다.

1 다음 사건이 일어난 까닭에 ○표 하세요.

1945년 미국, 영국, 소련 세 나라의 외무 장관이 모스크바에 모여 한반도에 미소 공동 위원회를 두고 5년간 신탁 통치를 하자고 결정했다. 이에 우리나라에서는 다른 나라가 얼마 동안 한반도를 맡아 다스리는 것에 반대하는 집회가 열렸다.

신탁 통치 반대 운동

(1) 자기 입맛에 맞는 정부를 세우고 싶어서 ( )

(2) 국제 연합이 아무것도 결정해 주지 않아서 ( )

(3) 신탁 통치가 자주적인 정부 수립을 방해한다고 생각해서 ( )

2 다음 두 사람의 주장으로 알맞은 것끼리 선으로 이으세요.

(1)

이승만

① 남과 북이 서로 힘을 합해 자주독립적인 통일 정부를 세우자.

(2)

김구

② 통일 정부를 기다리지만 잘되지 않으니 우리 남한만이라도 임시 정부를 세우자.

3 다음 ㈎~㈐의 일이 일어난 차례에 맞게 기호를 쓰세요.

대한민국 정부 수립 과정

㈎ 제헌 국회 개헌식   ㈏ 미소 공동 위원회 개최   ㈐ 5·10 총선거 실시

(   ) ➡ (   ) ➡ (   )

3주 4일
학습 끝!

붙임 딱지 붙여요.

카드 세계사

미국, 트루먼 독트린을 선포하다

트루먼 독트린으로 불린
트루먼 대통령의 연설 모습

대한민국 정부가 세워지던 당시는 자본주의를 대표하는 미국과 공산주의를 대표하는 소련이 이념적으로 맞서는 냉전 시대였어요. 미국 대통령 트루먼은 공산주의가 퍼져 나가는 것을 막기 위해 자본주의 국가에 군사적, 경제적 도움을 주는 트루먼 독트린(1947년)을 선언했어요. 이에 따라 미국은 공산주의 영향권에 놓였던 그리스와 터키를 도왔고 이 원칙은 25년간 미국의 외교 정책이 되었어요.

자본주의 이익을 얻기 위해 상품을 만들고 소비하는 경제 체제.
독트린 국제 사회에서 한 나라가 공식적으로 내세우는 정책상의 원칙.

민족의 비극 6·25 전쟁은 어떻게 일어났나요?

공부한 날짜: ☐월 ☐일

인천 상륙 작전

북한의 기습 공격으로 국군은 낙동강까지 밀렸어요. 그러자 맥아더를 총사령관으로 하는 국제 연합군은 한반도 허리 부분을 공격하는 인천 상륙 작전을 펼쳤어요.

이 작전으로 국군과 국제 연합군은 낙동강 지역을 성공적으로 지켜 냈어요. 1950년 9월 28일, 남한은 마침내 서울을 되찾았지요. 그리고 그 기세를 몰아 국군과 국제 연합군은 38도선 너머 북쪽으로 치고 올라갔어요.

인천 상륙 작전

교전 서로 병력을 가지고 전쟁을 함.

북한, 불법으로 남침하다

1950년 무렵, 세계는 소련을 중심으로 한 공산주의와 미국을 중심으로 한 자본주의가 심하게 맞서는 때였어요. 우리 민족 역시 남과 북으로 나뉘어 미국과 소련의 영향을 강하게 받았어요. 그래서 남북한은 38도선을 두고 크고 작은 교전을 벌였어요. 그러다가 북한은 남한을 무력 통일하려고 소련과 비밀리에 전쟁 준비를 했어요.

북한군의 남침

1950년 6월 25일 새벽 4시, 쿵쿵 콰르르 하는 포탄 소리가 들렸어요. 주말의 단잠을 자던 남한 사람들은 멀리서 들려오는 포탄 소리를 심각하게 여기지 않았어요. 북한이 38도선 전 지역에서 총공격을 시작했다는 사실을 알게 된 때는 이미 이미 온 나라가 아수라장이 된 뒤였어요.

북한은 선전 포고도 없이 소련의 지원을 받아 탱크를 앞세운 뒤,

갑자기 남한을 침략한 것이지요. 국군은 북한군의 공격이 시작된 지 3일 만에 서울을 빼앗기고 한 달 만에 낙동강 이남까지 밀렸어요.

남한 국민들은 북한군을 피해 피난을 가야 했어요. 이 과정에서 수많은 사람이 가족을 잃거나 가족과 헤어지는 아픔을 겪었어요.

국제 연합은 북한에 전쟁을 당장 그만두라고 요구했으나 북한은 이를 거부하고 공격을 계속했어요. 이에 국제 연합은 16개국이 참여한 연합군을 만들어 남한으로 보냈어요.

국군과 국제 연합군은 인천 상륙 작전을 시작으로 9월 28일에 서울을 다시 찾았어요. 그리고 평양을 비롯한 북한 지역 대부분을 장악한 후 압록강까지 올라갔어요.

그러나 수십만 명의 중국군이 전쟁에 개입하면서 압록강을 넘어 진격해 왔어요. 국군과 국제 연합군은 다시 남쪽으로 후퇴하며 서울을 내줄 수밖에 없었어요.

국군과 국제 연합군의 반격

선전 포고 한 나라가 다른 나라에 대하여 전쟁을 시작한다는 것을 공식적으로 알리는 일을 뜻함.
장악하다 손안에 잡아 쥔다는 뜻으로, 무엇을 마음대로 할 수 있게 되는 것을 이름.
개입하다 자신과 직접적인 관계가 없는 일에 끼어들다.

반짝퀴즈 Q1

1950년 9월, 국군과 국제 연합군은 □□ 상륙 작전을 시작으로 북한 지역을 대부분 장악했다.

부산의 피란민 생활
부산은 6·25 전쟁이 일어난 후 천 일 동안 대한민국의 수도였어요. 국군과 국제 연합군이 낙동강 이남까지 밀리자 백만 명이나 되는 피란민들이 부산으로 몰려들어 산비탈에 판잣집을 짓고 살았어요. 수도와 전기도 없고 물 두 동이로 며칠을 버텨야 하는 힘겨운 생활이었어요.

판문점 1953년 정전 협정 체결 후 국제 연합과 북한 측의 공동 경비 구역.
정전 협정 전쟁 중에 있는 쌍방이 일시적으로 전투를 중단하기로 합의하여 맺은 협정.
휴전선 휴전 협정에 따라서 결정되는 쌍방의 군사 경계선을 이름.

정전 협정으로 남과 북이 분단되다

국군과 국제 연합군이 다시 서울을 되찾았지만, 남한과 북한은 38도선을 사이에 두고 밀고 밀리는 치열한 전투를 계속했어요. 어제의 남한 땅이 오늘은 북한 땅이 되기도 했지요.

이러는 사이 한편에서는 전쟁을 멈추려는 협상이 벌어지고 있었어요. 하지만 국제 연합군과 북한군의 협상은 더 많은 땅을 차지하려는 욕심에 번번이 어긋났어요.

전선 고착, 휴전

1953년 7월, 마침내 판문점에서 국제 연합군과 북한군의 정전 협정이 이루어졌어요. 양쪽이 맞서 싸우던 자리는 휴전선이 되었고, 남과 북은 또다시 둘로 나뉘게 되었어요.

정전 협정 뒤 스위스 제네바에서는 한반도 문제를 무력이 아닌 정치로 평화롭게 해결하려는 회의가 여러 차례 열렸어요. 하지만 남한과 북한뿐 아니라 회의에 참여한 미국, 소련, 중국 등의 입장이 서로

판문점

맞서면서 회의는 성과 없이 끝나 버렸어요.

파괴된 서울역 부근 모습

3년 1개월 동안 벌어진 6·25 전쟁으로 남한과 북한은 모두 엄청난 피해를 입었어요. 국군과 국제 연합군뿐 아니라 수백만 명의 민간인이 목숨을 잃거나 다쳤어요. 도로와 철도, 다리 같은 국가 시설이 파괴되어 복구하는 데 많은 시간이 걸렸지요.

전쟁을 피해 떠났던 사람들은 피난길에서 사랑하는 가족과 헤어지거나 생사를 모르는 이산가족이 되고 말았어요. 그리고 한반도에는 전쟁 속에 부모를 잃고 무너진 집이나 거리에서 울부짖는 전쟁고아들이 넘쳐났어요.

6·25 전쟁은 남한과 북한 모두에게 깊은 상처를 안겨 주었어요. 이후 휴전 상태에서 오랫동안 살다 보니 남한과 북한은 서로 많이 달라졌어요. 하지만 아직도 남한과 북한은 통일을 위한 협의를 계속하고 있어요.

생사 生(날 생), 死(죽을 사)가 합쳐진 말로, 삶과 죽음을 아울러 이르는 말.
이산가족 남북 분단 등의 사정으로 이리저리 흩어져서 서로 소식을 모르는 가족.
전쟁고아 전쟁으로 부모를 잃은 아이.

Q2
 반짝퀴즈

1953년 □□ □□(으)로 남과 북이 다시 둘로 나뉘었다.

★ 6·25 전쟁

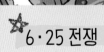

• 1950년 6월 25일, 북한은 남한을 무력으로 통일하려고 38도선 전 지역에서 총공격을 시작했다.

• 인천 상륙 작전을 계기로 국군과 국제 연합군은 북한 지역 대부분을 장악하고 압록강까지 진격했다.

• 중국군이 전쟁에 개입하며 국군과 국제 연합군은 다시 후퇴했다.

• 정전 협정으로 휴전이 결정되면서 남한과 북한은 다시 둘로 나뉘었다(1953년).

• 6·25 전쟁으로 많은 사람이 희생되고 국토가 황폐해졌으며, 전쟁고아와 이산가족이 생겨났다.

1 ㈎~㈑의 지도를 6·25 전쟁이 일어난 과정에 맞게 기호를 쓰세요.

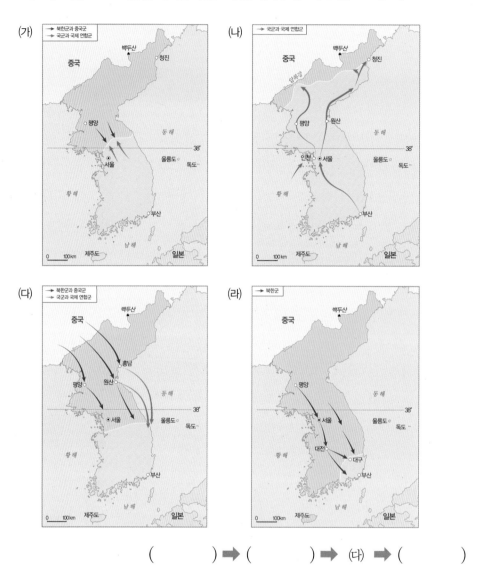

(   ) ➡ (   ) ➡ ㈐ ➡ (   )

2 다음 중 6·25 전쟁에서 우리나라 사람들이 겪은 어려움이 <u>아닌</u> 것은 무엇입니까? (   )

① 부모를 잃은 전쟁고아가 생겨났다.

② 부산에 피란민이 몰려들어 경제가 발전했다.

③ 가족들과 헤어지거나 생사를 모르고 지냈다.

④ 건물, 도로, 다리 등 국가 시설이 파괴되었다.

⑤ 많은 군인과 수백만 명의 민간인이 목숨을 잃었다.

43회 기출 응용

3 다음 중 (가)에 들어갈 장소로 알맞은 것은 무엇입니까? (   )

3주 5일
학습 끝!

붙임 딱지 붙여요.

| (가) |의 검색 결과

1953년 7월 27일, 6·25 전쟁의 휴전 협정이 체결된 곳입니다.

1971년 남북 적십자 예비회담이 열린 이후 남북한 간의 접촉과 회담을 위한 장소로 이용되고 있습니다.

① 초지진
② 임진각
③ 중명전
④ 판문점
⑤ 우정총국

카드 세계사

중국, 중화 인민 공화국이 세워지다

중화 인민 공화국 정부 수립을 선포하는 마오쩌둥

6·25 전쟁 당시에 참전했던 중국군은 중화 인민 공화국의 군대(중공군)였어요. 공산당을 이끈 마오쩌둥은 20년 동안 국민당을 이끄는 장제스와 격렬하게 싸웠어요. 전쟁 초반에는 국민당이 승리했지만 공산당이 반격하면서 베이징까지 차지했어요. 국민당의 패배가 확실해지자 장제스와 국민당 정부는 타이완으로 후퇴했지요. 그 뒤 마오쩌둥은 베이징을 수도로 삼고 '중화 인민 공화국'을 세웠어요.

마오쩌둥 중국 공산당의 핵심 인물. 장제스와의 내전에서 승리하고 중화 인민 공화국 정부를 세웠음.

PART 4

대한민국의 민주주의와 경제 발전

분단의 아픔을 겪은 우리나라는 전쟁의 상처를 극복하고 민주주의를
발전시키려고 노력했어요. 그 과정에서 군인들의 독재 정치로 고통을
당했지만 결국 우리 국민들은 민주화 운동으로 민주주의를 이루어 냈어요.
국민들의 노력은 눈부신 경제 발전을 이루기도 했지요. 우리 민족이 어떻게
민주주의와 경제 발전을 이루어 냈는지 자세히 살펴봐요.

17

우리나라에서 민주화 운동은
어떻게 전개되었나요? _114쪽

18

우리나라의 경제는
어떻게 성장했나요? _120쪽

16

4·19 혁명은
왜 일어났나요? _108쪽

4·19 혁명은 왜 일어났나요?

공부한 날짜: ☐월 ☐일

시위에 참여한 초등학생

4·19 혁명 당시에는 대학생이나 중고등학생은 물론 초등학생(당시 국민학생)도 시위에 참여했어요. 특히 수송초등학교 전현승 어린이는 시위 현장에서 경찰이 쏜 총에 맞아 목숨까지 잃었지요. 이 사건으로 수송초등학교 학생들은 "부모 형제들에게 총부리를 대지 말라!"라고 외치며 시위를 했어요.

원조 물품이나 돈 등으로 도와줌.
반공 공산주의에 반대함.
의무 교육 국가에서 만든 법률에 따라 일정한 나이에 이른 아동이 의무적으로 받아야 하는 보통 교육.
독재 정치 민주적인 절차를 부정하고 통치자가 혼자서 판단하고 결정하는 정치.
정부통령 선거 대통령과 부통령을 함께 뽑는 선거.

부정 선거를 바로잡는 4·19 혁명이 일어나다

6·25 전쟁으로 우리 국민은 거의 전부를 잃었지만 절망하지 않았어요. 우리나라는 미국의 원조를 받아 하루빨리 나라를 일으키려고 했어요. 이승만 정부는 미국에서 받은 돈으로 할 일을 고민했지요.

"분단 상황에서는 모든 국민이 반공으로 무장하고 국력을 키워야 합니다. 국력을 키우려면 인재와 산업을 잘 키워야 합니다!"

이승만 정부는 초등학교 의무 교육을 시행하고, 당장 먹고 쓸 수 있는 밀가루, 설탕, 면직물 등을 생산하는 정책을 펼쳤어요. 이승만 정부는 이 사업을 특정 기업에 넘겨 혜택을 주었지요.

그리고 헌법까지 고쳐 가며 세 번씩이나 대통령이 되어 독재 정치를 이어 나갔어요. 이승만 정부는 1960년 3월 15일에 예정된 정부통령 선거에서도 이기려고 부정 선거를 계획했어요. 이러한 이승만 정부의 부정부패에 대항해 대구에서 최초의 학생 민주 운동이 일어났어요. 이승만 정부는 네 번째 선거에서도 사람들에게 돈과 물건을 주었어요.

"이 돈 받게. 그리고 이번에도 이
승만 대통령을 찍어야 해."

그리고 투표용지를 없애거나 조
작된 투표용지를 넣은 다음 투표함
을 바꾸는 부정을 저질러 다시 당
선되었어요.

4 · 19 혁명 시위대의 모습

이에 시민들은 시위를 벌였어요. 마산에서는 경찰이 시위에 참여
한 시민과 학생들을 폭력적으로 진압했고, 이 과정에서 실종된 고등
학생 김주열이 얼마 뒤 주검으로 발견되었지요.

"3·15 선거는 불법 선거다! 정부는 마산 사건을 책임져라!"

1960년 4월 19일, 각계각층의 시민과 학생들이 민주주의를 바로
세우려고 전국적으로 시위를 벌였어요. 이승만 정부는 무력으로 시
위를 진압했고 많은 시민과 학생들이 다치거나 죽었지요. 결국 이승
만은 대통령 자리에서 스스로 물러났고 3·15 선거는 무효가 되었어
요. 4·19 혁명은 독재에 맞서 시민들이 스스로 민주주의를 지켜
낸 혁명이었어요.

투표용지 투표에 사용하는 일
정한 양식의 종이.
실종되다 종적을 잃어 간 곳
이나 생사를 알 수 없게 되다.
주검 죽은 사람의 몸을 이르
는 말.
민주주의 국민이 권력을 가지
고 그 권력을 스스로 행사하
는 제도
혁명 국가의 기초나 제도 등
이 완전히 새롭게 바뀌는 것.

반짝퀴즈 Q1

4 · 19 □□은/는 이승만의 독재와
부정 선거에 맞서 국민이 스스로
민주주의를 지켜 낸 사건이다.

유신 헌법
박정희 정권은 1972년 비상조치를 내려 국회를 해산시키고 정치 활동을 금지시켰어요. 그러고는 비상 계엄령을 내려 국민 투표로 유신 헌법을 통과시켰지요. 이 유신 헌법은 박정희가 오랫동안 정권을 잡기 위해 바꾼 헌법이에요. 대통령 임기를 6년으로 늘리고 대통령이 되는 횟수도 제한을 없앴어요. 대통령은 국회 의원 3분의 1을 추천하고 대통령이 헌법을 바꾸는 일을 쉽게 만드는 등 대통령에게 모든 권한을 집중시켰지요. 유신 헌법은 민주주의 절차라고 볼 수 없는 헌법이었어요.

국무총리 대통령을 보좌하고 대통령의 명령을 받아 행정 각부를 거느리고 관할하는 공무원.
군사 정변 군인들이 힘을 앞세워 정권을 잡는 행위.
직선제 국민이 직접 대표를 뽑는 선거 제도.
간선제 일정 수의 선거인단을 구성해 이들에게 대표자를 뽑게 하는 제도.

5·16 군사 정변, 민주화 열망을 짓밟다

4·19 혁명이 끝나고 자리를 물려받은 정부에서는 헌법을 고쳐서 대통령이 나라를 대표하고 국무총리가 나라 살림을 하게 하는 등 새로운 민주주의를 세우려고 했어요.

그런데 4·19 혁명 이후 새로운 정부가 들어선 지 1년도 채 되지 않아 군사 정변이 일어났어요. 1961년 5월 16일, 박정희가 군대를 동원하여 정권을 잡은 것이에요.

무력으로 정권을 잡은 박정희는 반공을 앞세운 강력한 경제 정책을 펼쳤어요. 일본과 외교 관계를 회복하고, 베트남에 군대를 보내면서 이를 비판하는 국민의 목소리는 외면했지요.

박정희는 대통령을 계속하려고 헌법까지 여러 번 바꿨어요. 특히 1972년 10월에 바꾼 유신 헌법은 사실상 횟수 제한 없이 대통령을 할 수 있게 만든 법이었어요. 이 법은 국민이 직접 대통령을 뽑는 직선제를 국민의 대표가 뽑는 간선제로 바꾸는 것이었어요.

유신 헌법 발표 이후 박정희 정부는 민주화를 요구하는 사람들의

10

의견을 무시했어요. 국민들의 기본적인 권리마저 마음대로 빼앗았지요.

"남자가 왜 머리를 길러? 남자인지 여자인지 모르겠네."

"무릎 위로 20센티미터가 넘네. 아가씨, 같이 경찰서에 갑시다."

남자는 마음대로 머리를 길게 기를 수 없었고, 여자는 치마를 짧게 입을 수 없었어요. 국민들이 밤늦게 다니는 것도 금지했어요.

대통령의 죽음을 알린 신문 기사

민주화 민주적으로 되어 가는 것. 또는 그렇게 되게 하는 것을 이름.
통제 일정한 방침이나 목적에 따라 행위를 제한함.
유신 체제 1972년 비상조치에 따라 고친 유신 헌법이 효력을 가지게 되어 만들어진 정치 체제.

이같이 독재 정치가 심해지자 부당한 일을 당한 국민들은 점점 분노하기 시작했어요. 삼엄한 통제 속에서도 부산과 마산에서는 학생, 노동자, 종교인들이 숨어서 유신 체제를 반대하는 운동을 펼쳤어요. 하지만 박정희는 국민들의 소리를 듣지 않고 자신에게 충성하는 사람들의 말만 들었어요. 결국 박정희는 1979년 10월 26일에 믿었던 부하에게 죽임을 당하고 말았어요.

Q2
반짝퀴즈

□□□이/가 군대를 동원해 정권을 잡은 사건을 5·16 군사 정변이라고 한다.

□ □ □

우리는 나라의 기본 정책을 반공으로 삼겠습니다!

박정희 대통령 취임 축

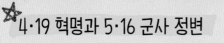

★ **4·19 혁명과 5·16 군사 정변**

• 이승만은 3·15 정부통령 선거에서 이기려고 부정을 저질렀다.

• 시민과 학생들은 4·19 혁명으로 민주주의를 다시 세우려고 했다(1960년).

• 시위가 거세지자 이승만은 대통령 자리에서 물러났고, 3·15 부정 선거는 무효가 되었다.

• 4·19 혁명으로 새 정부를 이룬 후 박정희는 5·16 군사 정변을 일으켜 정권을 잡았다(1961년).

• 박정희는 유신 헌법 발표 이후 독재 정치를 하다가 부하에게 목숨을 잃었다.

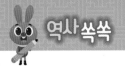

1 다음 사건이 원인이 되어 일어난 사건을 보기에서 골라 쓰세요.

• 사람들에게 돈이나 물건을 주면서 이승만 정부에 투표하도록 했다.
• 투표용지를 없애거나 조작된 투표용지를 넣은 투표함과 바꿔치기하기도 했다.

보기   6·25 전쟁   4·19 혁명   5·16 군사 정변

(   )

2 다음과 같은 일을 한 인물은 누구입니까? (   )

• 군대를 동원하여 정권을 잡았다.
• 자신이 계속 대통령을 하려고 헌법을 여러 번 바꿨다.
• 국민들의 기본적인 권리를 마음대로 빼앗는 등 독재 정치를 했다.

① 김구   ② 여운형   ③ 이승만   ④ 박정희   ⑤ 김주열

34회 기출 응용

3 다음 민주화 운동의 결과로 알맞은 것은 어느 것입니까? (　　　　)

3·15 부정 선거는 무효다!

① 5·10 총선거가 실시되었다.　　② 미소 공동 위원회가 열렸다.
③ 2·8 독립 선언서를 낭독했다.　　④ 직선제로 대통령을 뽑게 되었다.
⑤ 이승만이 대통령 자리에서 물러났다.

4주 1일
학습 끝!

붙임 딱지 붙여요.

카드 세계사

쿠바 미사일 위기가 벌어지다

모스크바 붉은 광장에 있는 소련의 중거리 탄도 미사일

4·19 혁명이 일어났을 무렵 미국과 소련은 쿠바를 사이에 두고 핵미사일을 설치하는 문제로 대결을 벌이고 있었어요. 당시 미국 정찰기는 쿠바에서 소련이 미사일을 설치하려던 장면을 발견했어요. 미국 대통령 케네디가 미사일 철수를 요구하자 소련은 미국이 터키에서 미사일을 철수하면 쿠바에서 철수하겠다고 했지요. 케네디가 소련의 제안을 받아들이면서 쿠바의 미사일 위기는 정리되었어요.

핵미사일 핵폭발 장치를 실어 나를 수 있는 폭탄.

우리나라에서 민주화 운동은 어떻게 전개되었나요?

공부한 날짜: 월 일

5·18 민주화 운동을 알린 독일 기자

전두환은 기자들이 광주에서 일어난 일을 신문에 싣지 못하게 했어요. 그러나 특파원이었던 독일 기자 위르겐 힌츠페터는 위험을 무릅쓰고 광주에 들어가 5·18 민주화 운동을 취재했어요. 그리고 이 내용이 독일 방송에 나가면서 5·18 민주화 운동이 전 세계에 알려졌어요. 5·18 민주화 운동을 취재했던 그의 이야기는 영화로도 만들어졌어요.

위르겐 힌츠페터

정권 정치상의 권력. 또는 정치를 담당하는 권력.
신군부 육군 내 사조직인 하나회를 중심으로 제5공화국의 권력을 장악한 군인 집단을 가리키는 말. 박정희 대통령 시대의 군부와 구별해 신군부라고 부름.

5·18 민주화 운동이 일어나다

박정희 정권이 무너지자 시민들은 민주주의가 꽃피는 '서울의 봄'을 기대했어요. 그러나 1979년 12월 12일 전두환을 중심으로 한 신군부가 또 정변을 일으켰어요. 시민들은 이전 헌법을 고치고 국민 투표로 새 정부를 세우자는 시위를 전국적으로 벌였어요. 정변을 일으킨 군인들은 비상 계엄령을 내리고 시민들을 탄압했어요.

이즈음 전라남도 광주에서 대규모로 민주화 시위가 일어났어요.

"전두환은 물러가라! 계엄령을 해제하라!"

학생과 시민들이 전두환과 신군부에 반대하는 시위를 벌이자 전두환은 계엄군을 광주로 내려보내 시민들에게 총을 쏘며 폭력적으로 진압했어요. 시위가 계속되면서 죄 없는 시민들의 죽음이 늘어 갔어요. 이에 시민들도 시민군을 만들어서 신군부에 대항하다가 수없이 희생되었지요. 이를 '5·18 민주화 운동(1980년)'이라고 해요.

광주 시민들은 계엄군이 저지른 만행을 외부에 알리고, 계엄군에게 잡혀간 사람들을 풀어 달라고 정부에 요구했어요.

"들었어? 광주에서 시위하는 시민들을 계엄군이 총으로 쐈대."

"그게 정말이야? 그런데 왜 우리는 몰랐지?"

계엄군들은 광주 사람들이 다른 지역으로 나가지 못하

전라남도청 앞에 모여 5·18 민주화 운동에 참여한 시민과 학생들

게 했어요. 다른 지역 사람들도 광주에 들어올 수 없었지요. 또한 전두환은 광주에서 일어난 일이 신문이나 방송으로 알려지는 것도 막았어요.

광주 시민들은 스스로 질서를 지켜 나가며 어려움에 처한 이웃을 돕는 등 힘든 상황을 잘 헤쳐 나갔어요. 그러나 계엄군은 시위를 이끌던 사람들이 모여 있던 전라남도청을 공격해 이들을 강제로 진압했어요. 결국 이 과정에서 수많은 사람이 희생되었지요.

5·18 민주화 운동은 부당한 정권에 맞서 민주주의를 지키려는 학생과 시민들의 의지를 보여 주었어요. 그래서 우리나라의 민주주의를 발전시키는 데 밑거름이 되었을 뿐 아니라 세계 여러 나라의 민주화 운동에도 영향을 주었어요.

비상 계엄령 전쟁과 같이 국가가 위기 상황에 처했을 때 대통령의 명령으로 일정한 지역을 군대가 맡아 다스리는 일을 뜻함.

계엄군 국가가 위기 상황에 처했을 때 대통령의 명령으로 일정한 지역을 맡아 다스리는 군인.

시민군 시민들이 스스로 조직한 군대.

Q1

반짝퀴즈

5·18 민주화 운동은 부당한 정권에 맞서 □□□□을/를 지키려는 시민들의 의지를 보여 주었다.

□ □ □ □

전라남도청

군사 독재 반대

주민 소환제

지역의 주민이 직접 뽑은 지방 의회 의원이나 지방 자치 단체장이 만약 맡은 일을 공정하게 처리하지 않거나 주민의 뜻에 어긋나는 일을 하면 어떻게 될까요?

주민 소환제는 이런 일이 생겼을 때 주민들이 투표로 그들을 자리에서 물러나게 하는 제도예요. 현재 미국, 독일, 일본 등 여러 나라에서 하고 있는 제도지요. 우리나라에서는 2007년부터 엄격하게 시행하고 있어요.

주민 소환 투표 모습

알 권리 국민 개개인이 정치, 사회 현실 등에 관한 정보를 자유롭게 알 수 있는 권리를 뜻함.

6월 민주 항쟁으로 민주주의를 꽃피우다

5·18 민주화 운동을 폭력적으로 진압한 전두환은 간선제로 대통령이 되었어요. 대통령이 된 전두환은 신문과 방송을 통제해 국민들의 알 권리를 막고 민주주의를 요구하는 사람들을 탄압했어요.

그러다가 1987년 대학생 박종철이 경찰의 고문을 받다가 사망하는 사건이 발생했어요. 이 사실이 알려지자 시민들은 고문을 금지하고 책임자를 처벌할 것과 대통령 직선제를 요구했어요. 하지만 전두환은 국민들의 요구를 거부하고 기존 헌법을 따르라고 발표했지요. 이 발표에 시민들의 분노가 폭발했어요.

"전두환 독재에 반대한다! 대통령 직선제를 시행하라!"

전국 거리마다 학생과 시민들이 몰려나와서 독재에 반대하고 대통령 직선제를 요구하며 시위를 벌였어요. 전두환 정권은 최루탄을 쏘며 시위를 강제로 진압했지요. 이 과정에서 대학생 이한열이 최루탄에 맞아 쓰러졌어요.

이 일로 6월 10일부터는 이한열의 희생에 분노한 시민들이 힘을 보태면서 시위 규모가 엄청나게 늘어났어요. 결국 시민들의 기세에

눌린 당시 여당 대표는 6월 29일 대통령 직선제를 포함한 민주화 요구를 받아들이겠다는 6·29 선언을 발표할 수밖에 없었어요.

"우리가 이겼다! 민주주의가 이겼다!"

시청 앞 광장에 도착한 이한열 장례 행렬과 시민들.

시민들은 불법적으로 잡은 정권을 유지하려고 민주주의를 탄압했던 정권과 싸워 이긴 것을 기뻐했지요. 이를 '6월 민주 항쟁(1987년)'이라고 불러요.

6·29 선언 이후부터 우리 국민들은 대통령을 직접 뽑게 되었어요. 국민의 손으로 지방 의회 의원과 지방 자치 단체장을 뽑는 지방 자치제도 다시 부활했지요. 이렇게 주민이 뽑은 의원이나 단체장이 일을 잘하지 못하면 주민들이 투표로 자리에서 물러나게 할 수도 있게 되었어요. 또, 6월 민주 항쟁 이후 국민들은 촛불 집회, 1인 시위, 서명 운동, 누리 소통망 서비스(SNS), 시민 단체 활동 등의 다양한 방법으로 사회 문제를 해결하는 데 참여하고 있어요.

최루탄 눈물샘을 자극하여 눈물을 흘리게 하는 약이나 물질을 넣은 탄환.

6·29 선언 1987년 6월 29일 당시 민주정의당 대표 노태우가 국민들의 직선제로 헌법을 바꾸자는 내용을 포함한 민주화 요구를 받아들이겠다고 발표한 특별 선언.

지방 자치제 지역의 주민이 직접 선출한 지방 의회 의원과 지방 자치 단체장이 그 지역의 일을 처리하는 제도.

Q2
반짝퀴즈

시민들은 전두환 정부의 독재 반대와 대통령 직선제를 요구하며 6월 □□ □□을/를 벌였다.

□ □ □ □

대통령 직선제를 시행하라!

대통령은 국민 손으로

⭐ **5·18 민주화 운동과 6월 민주 항쟁**

• 박정희 대통령의 죽음 이후 전두환과 신군부가 정변을 일으켜 정권을 잡았다.

• 광주에서 5·18 민주화 운동이 일어나자 전두환 정권은 이를 폭력적으로 진압했다(1980년).

• 전두환 정권이 시민들의 민주화 요구를 거부하자 시민들이 거리로 나왔다.

• 시민들은 직선제를 요구하며 6월 민주 항쟁을 벌였다(1987년).

• 6월 민주 항쟁 이후 시민들은 대통령을 직접 뽑고, 다양한 방법으로 정치에 참여하게 되었다.

1 (가)~(다)의 사건이 일어난 순서대로 기호를 쓰세요.

(가)	(나)	(다)
5·18 민주화 운동	6월 민주 항쟁	5·16 군사 정변

(   ) ➡ (   ) ➡ (   )

2 다음 사진에 나타난 사회 문제에 참여하는 방식은 무엇입니까? (   )

사회 공동의 문제를 평화·적으로 해결하기 위한 방법이에요.

① 1인 시위   ② 촛불 집회   ③ 서명 운동

④ 시민 단체 활동   ⑤ 누리 소통망 서비스(SNS)

3 ㈎에 들어갈 사건을 보기 에서 골라 쓰세요.

㈎ 은/는 1980년 광주에서 학생과 시민들이 민주화를 요구하며 일어났습니다. 전두환을 중심으로 한 신군부는 이를 폭력적으로 진압했습니다.

4주 2일
학습 끝!

붙임 딱지 붙여요.

보기   4·19 혁명   6월 민주 항쟁   5·18 민주화 운동

(   )

카드 세계사

중국, 천안문 6·4 항쟁이 일어나다

천안문 광장에 모여 민주화를 요구하는 시민과 학생들

우리나라가 6월 민주 항쟁을 벌일 즈음 중국의 학생과 시민들도 천안문 광장에서 민주화를 요구하는 시위를 벌였어요(1989년). 당시 중국은 개혁, 개방 정책으로 민주화에 대한 요구가 높았어요. 학생들은 단식 투쟁을 하며 민주화를 요구했어요. 그런데 중국 정부가 탱크를 앞세우고 무력으로 시민들을 진압하자 시민들도 무력으로 맞서 싸워 서로 피를 흘리는 비극이 되었어요.

천안문 광장 중국 베이징 자금성 천안문 앞에 만들어진 세계 최대 규모의 광장을 이름.

우리나라의 경제는 어떻게 성장했나요?

공부한 날짜:　월　일

삼백 산업
우리나라는 미국이 원조해 준 재료로 밀가루와 면직물, 설탕을 만들어 팔았어요. 이 세 가지 제품은 모두 흰색이어서 이를 만드는 산업을 삼백 산업이라고 불렀어요. 당시 기업들은 삼백 산업으로 막대한 이윤을 남겼어요. 이승만 정부는 기업들이 큰돈을 벌 수 있게 도와주었어요.

복구하다 손실 이전의 상태로 회복하다.
원당 설탕의 원료가 되는, 정제하지 않은 설탕.

전쟁의 피해를 딛고 경제 성장을 시작하다

우리나라는 6·25 전쟁으로 산업 시설이 대부분 파괴되어 국토 대부분이 폐허나 다름없었어요. 모든 국민이 굶주림에 허덕이는 가난한 농업 국가였지요. 그래서 1950년대에는 다른 나라의 지원을 받을 수밖에 없었어요. 이승만 정부는 미국으로부터 원조를 받아서 파괴된 여러 시설을 복구했어요. 그리고 생활에 필요한 제품을 만드는 공업을 발전시키려고 노력했어요.

"미국에서 보내 준 밀과 원당, 목화가 있잖아? 우선 이것을 이용해 공업을 발전시켜야겠어."

당시 미국은 우리에게 밀, 보리, 면화 등 농산물과 옷감을 만들 수 있는 원자재를 지원해 주었어요. 이승만 정부는 이 원자재로 밀가루, 설탕, 면직물을 생산했어요. 다른 나라의 도움을 받아 농업 중심에서 공업 중심 산업으로 바꾼 거예요. 하지만 이것도 잠시였고 미국의 지원이 막히자 우리 경제는 어려움을 겪었어요.

1950년대　　　1960년대

그 뒤 박정희 정부가 들어서면서 1962년 경제 개발 5개년 계획을 발표했어요.

"5년마다 계획을 세워서 경제 개발을 한다는 건가?"

"그렇지. 정부가 주도해서 해외로 수출을 한다는구먼."

경부 고속도로 준공식(1970년)

정부는 경제 개발 5개년 계획을 세워 국내 제품을 해외로 수출해 경제 성장을 이루려고 했어요. 정부는 수출을 위한 정유 시설, 발전소, 고속 국도, 항만 등을 많이 건설하고 기업의 세금을 내려 주는 등 지원을 아끼지 않았어요.

1960년대에는 풍부한 인력 자원을 활용한 신발, 의류, 가발과 같은 경공업 제품을 수출하면서 성장했어요. 1970년대에는 기술이 중심이 되는 철강, 석유 화학, 기계 산업, 조선 등 중화학 공업을 발전시키기 시작했지요. 1973년에는 최초로 해외에서 주문을 받아 큰 배를 만들며 세계 시장에도 진출했어요. 이후 조선 산업은 우리나라의 수출을 이끄는 산업으로 성장했어요.

경제 개발 5개년 계획 대한민국의 경제 발전을 위해 1962년부터 1986년까지 5년 단위로 추진한 경제 체제.

정유 시설 석유에 섞인 불순물을 없애고 순수한 석유를 만드는 시설.

경공업 식료품, 섬유, 종이 등 비교적 가벼운 물건을 만드는 산업.

중화학 공업 철, 배, 자동차 등 무거운 제품이나 플라스틱, 고무 제품, 화학 섬유 제품을 생산하는 산업.

Q1

반짝퀴즈

경제 개발 5개년 계획은 1962년부터 □□의 주도로 경제를 성장시키려고 추진한 계획이다.

1970년대

경제, 시련 속에 다시 일어서다

1980년대에는 자동차 산업이 본격적으로 세계 시장에 제품을 수출하면서 크게 성장했어요. 정밀 기계와 기계 부품, 텔레비전도 주요 수출품이 되었어요. 우리나라의 산업 구조 역시 경공업에서 중화학 공업으로 바뀌었지요.

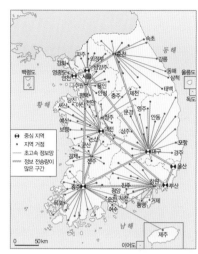

초고속 정보 통신망

"세계적으로 컴퓨터를 많이 쓰네. 우리가 직접 만들어 볼까?"

"컴퓨터의 핵심 부품인 반도체를 연구해 보자고."

1990년대에는 세계적으로 성능이 뛰어난 반도체를 생산해 반도체 강국으로 우뚝 섰어요. 정부와 기업은 정보화 사회의 경제 발전을 위해 전국에 초고속 정보 통신망을 만들었고, 이를 바탕으로 해서 다양한 인터넷 관련 기업들이 많이 생겨났어요.

하지만 1997년 우리 경제에 위기가 찾아왔어요. 다른 나라에서 빌린 돈을 갚지 못해 여러 대기업들이 잇달아 파산했어요. 정부는 외환 위기 때문에 국제 통화 기금(IMF)으로부터 돈을 빌려야 했어요.

1990

1980

"우리 회사가 망해서 직장이 사라졌어요."

"전 월급도 받지 못했는데 회사가 망했어요."

많은 국민들이 직장을 잃고, 가정 경제도 어려워졌지요. 우리 국민들은 금 모으기 운동을 펼치며 온 힘을 모았어요. 그 결과 3년 만에 빌린 돈을 모두 갚았어요.

금 모으기 운동

외환 위기를 극복한 우리나라는 2000년대 이후 생명 공학, 우주 항공, 신소재, 로봇 산업 등 첨단 산업을 발달시켰어요. 지금은 문화 콘텐츠 산업, 관광 산업, 의료 서비스 산업 등이 빠르게 발달하고 있지요. 우리 경제는 '한강의 기적'이라고 불릴 정도로 짧은 시간 동안 엄청난 성장을 했어요. 그러나 부자와 가난한 사람의 차이, 노동자와 기업 사이의 갈등, 심각해진 환경 문제 등 앞으로 해결해 나갈 과제도 많이 남았답니다.

국제 통화 기금(IMF) 국제 금융 체계를 감독하는 국제 기구를 이름.

금 모으기 운동 1997년 IMF에 돈을 빌릴 때 나랏빚을 갚기 위해 국민들이 자신이 갖고 있던 금을 나라에 자발적으로 내어놓은 운동.

첨단 산업 항공기, 우주 개발, 전자, 원자력, 컴퓨터 등 첨단 기술을 핵심으로 하는 산업.

문화 콘텐츠 산업 영화, 드라마, 만화 등 각종 문화 정보나 그 내용물을 생산하고 유통하는 산업.

Q2

반짝퀴즈

우리나라는 1990년대에 세계적으로 성능이 뛰어난 컴퓨터 부품인 □□□을/를 생산했다.

2000

⭐ **대한민국의 경제 성장**

• 1950년대에는 6·25 전쟁의 피해를 극복하고 식료품과 섬유 등 소비재 산업이 발달했다.

• 1960년대에는 경제 개발 5개년 계획이 시작되고 경공업이 성장했다.

• 1970~80년대에는 중화학 공업이 발달하고 수출액과 국민 소득이 늘어나 생활 수준이 향상되었다.

• 1990년대에는 컴퓨터, 반도체 등 정보 통신 산업이 성장했지만 IMF 외환 위기를 맞았다.

• 2000년대 이후에는 첨단 산업과 문화 콘텐츠 산업, 서비스 산업 등이 발달하고 있다.

1 다음 자료를 보고 빈칸에 들어갈 알맞은 말을 보기 에서 골라 쓰세요.

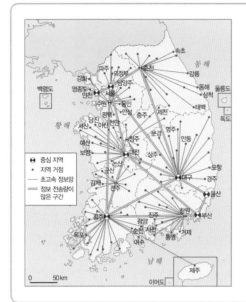

1990년대 후반부터 정부와 기업은 정보화 사회의 경제 발전을 위해 전국에 걸쳐 초고속 □□ □□□을/를 만들었다. 이후 다양한 인터넷 관련 기업이 생겨났으며 기존에 발달했던 산업들도 영향을 받아 더욱 발전했다.

보기   핵심 반도체   개인 컴퓨터   정보 통신망

(   )

2 우리나라에서 다음 산업들이 발전한 시기는 언제입니까? (   )

문화 콘텐츠 산업

로봇 산업

① 1960년대   ② 1970년대   ③ 1980년대
④ 1990년대   ⑤ 2000년대 이후

3 다음 장면에서 ㈎에 들어갈 사건을 **보기**에서 골라 쓰세요.

할머니, 이 사진은 어떤 사진이에요?

금 모으기 운동 사진이란다. 당시 우리나라는 ㈎ 을/를 맞았어. 그래서 국제 통화 기금(IMF)으로부터 구제 금융 지원을 받았지.

4주 3일 학습 끝!

붙임 딱지 붙여요.

보기　　미국 원조　　　　외환 위기　　　　경제 개발 5개년 계획

(　　　　　　　　　)

카드 세계사

독일, 라인강의 기적을 이루다

경제 성장을 상징하는 독일 자동차

독일은 제2차 세계 대전에서 패배한 이후 서독과 동독으로 나뉘었어요. 우리나라가 '한강의 기적'을 이룬 것처럼 서독은 폐허가 된 지 10년 만에 유럽에서 제일가는 산업 국가로 성장해 '라인 강의 기적'을 이루었어요. 당시 서독은 미국의 마셜 플랜으로 원조도 받았지만 성장을 이룬 동력은 우수한 기술력을 가진 독일 국민의 힘이었지요. 이를 바탕으로 서독의 자동차 산업은 경제 성장을 이끌었어요.

마셜 플랜 제2차 세계 대전 후, 미국이 서유럽 16개 나라에 해 준 대외 원조 계획.

125

공부한 날짜: [ ]월 [ ]일

남북한은 평화 통일을 위해 어떤 노력을 해 왔나요?

남북한이 통일을 해야 하는 까닭

통일이 되면 전쟁의 위협이 사라지고, 우리나라의 국제적인 지위도 높아져요. 또, 세계 유일의 분단국가인 우리나라가 통일을 이루면 세계 평화에도 기여할 수 있지요. 분단 때문에 쓰던 국방비와 같은 분단 비용을 통일 비용으로 사용하면 우리나라가 더욱 발전할 거예요. 그리고 무엇보다 우리가 통일을 해야 하는 까닭은 우리는 한 민족이기 때문이지요.

우상화하다 우상이 됨. 또는 우상으로 만들다.

남북한, 통일의 첫발을 내딛다

남한과 북한은 6·25 전쟁이 끝나고 서로 경쟁하며 대화조차 하지 않았어요. 그사이 북한의 김일성은 자신에게 반대하는 사람을 몰아내고 1인 지배 체제를 세웠어요. 전국에 자신의 동상이나 기념비를 세워 우상화하는 데 열중했지요. 이후 아들인 김정일이 권력을 이어받았고 현재 김정은이 3대째 권력을 이어받아 북한을 이끌고 있어요.

남한과 북한은 남북 분단이 된 뒤 한참 동안 심하게 대립했어요. 공산주의와 자본주의가 차갑게 대립하는 세계정세의 영향으로 남북한은 서로 미워하는 마음을 더욱 키워 갔지요.

"통일이 뭐야? 경제부터 살려야지!"

"통일이고 뭐고 군사력을 키워 외부 세력에 맞서야 해!"

남한은 경제 발전, 북한은 군사력 강화에 열중했기 때문에 통일은 뒷전이었지요.

1대
김일성

2대
김정일

3대
김정은

그러던 중 1972년 7월 4일 중앙정보부장이 깜짝 발표를 했어요.

"남과 북은 자주, 평화, 민족 대단결 원칙에 따라 통일을 위해 노력하기로 했다."

이 7·4 남북 공동 성명을 들

제21차 이산가족 상봉 행사

은 국민들은 깜짝 놀랐어요. 지금까지 미운 감정만 드러내며 서로를 헐뜯던 남과 북이 통일을 이야기했기 때문이지요.

남과 북은 다시 예전 관계로 돌아갔지만 남한과 북한 사람들은 계속해서 남북 적십자를 중심으로 통일을 이야기했어요. 그 결과 1985년에는 이산가족의 역사적인 첫 만남이 이루어졌어요. '고향 방문단'이라는 이름으로 서울과 평양을 오가며 남한과 북한에 떨어져 살았던 이산가족 서른 가족들이 서로 만났지요. 이산가족 상봉이 본격화된 것은 2000년대 이후이고 2018년까지 총 21차례의 이산가족 상봉이 이루어졌어요.

대단결 많은 사람이 크게 단결함. 또는 그런 단결.
7·4 남북 공동 성명 1972년 7월 4일 남북한 당국이 국토 분단 이후 최초로 통일과 관련해 합의하고 발표한 역사적인 공동 성명.
적십자 적십자 조약에 따라 설립된 국제석인 민간 조직.
상봉 서로 만남.

☆✦ Q1
🐰 반짝퀴즈

남한과 북한은 7·4 □□ 공동 성명으로 '자주, 평화, 민족 대단결 원칙'을 발표했다.

□ □

남과 북은 자주, 평화, 민족 대단결 원칙에 따라 통일을 위해 노력한다!

교류하다 문화나 사상 등이 서로 통하다.

남북한, 통일을 위해 꾸준히 노력하다

남한과 북한이 본격적으로 평화 통일을 위해 노력한 것은 1990년대 들어서예요. 1990년대에 들어와 독일이 통일되고 소련과 동유럽의 공산주의 정권들이 무너지면서 국제 정세가 크게 바뀌었지요.

"독일도 통일이 되었는데 남북한도 달라져야 하는 것 아닙니까?"

"우리도 스포츠 분야부터 교류하는 것이 좋겠습니다."

1991년 4월, 남북한은 스포츠 교류부터 시작했어요. 일본에서 열린 세계 탁구 선수권 대회에 남북한이 하나의 팀인 코리아(KOREA) 팀을 구성해서 참가했어요. 그리고 같은 해 남북한은 국제 연합(UN)에 동시 가입하고 서로를 인정했어요. 서로 침략하지 않고 교류하며 협력한다는 내용의 남북 기본 합의서도 만들었지요.

1998년에 들어선 김대중 정부는 햇볕 정책을 펼쳐 북한의 변화를 이끌어 냈어요. 금강산 관광이 시작되었고 개성에 대규모 공단을 만들기로 합의했지요.

2000년, 김대중 대통령은 남한 정상 중 최초로 북한의 평양을 방문했어요. 제1차 남북 정상 회담이 있던 이날 김대중 대통령과 김정일 국방위원장은 뜨겁게 악수하며 6·15 남북 공동 선언을 발표했지요.

"통일 문제는 우리 민족끼리 힘을 합쳐 자주적으로 해결 합시다!"

두 손을 맞잡은 김대중 대통령과 김정일 위원장

6·15 남북 공동 선언 후 남북 사이의 협력 관계는 노무현 대통령으로 이어졌어요. 노무현 대통령도 김정일 국방위원장을 만나 10·4 남북 공동 선언을 발표하며 남북한의 통일 의지를 다시 확인했지요.

연평 해전과 금강산 관광객 피살로 남한과 북한의 관계는 잠시 차가워졌어요. 그러다가 2018년 문재인 대통령은 김정은 국무위원장과 판문점에서 남북 정상 회담을 했어요. 4·27 판문점 선언에는 한반도에서 핵을 없애고, 종전에 노력한다는 내용이 담겨 있어요.

급변하는 세계정세 속에서 남북한은 통일을 이루지 못했어요. 미래 세대인 우리가 꼭 이루어 내야 해요.

정상 한 나라에서 가장 중요한 자리의 인물.
10·4 남북 공동 선언 2007년 10월 4일에 노무현 대통령과 김정일 국방위원장이 합의한 선언.
연평 해전 북한군이 서해 연평도 인근 북방 한계선을 넘어 대한민국의 바다를 침범해서 발생한 해상 전투.
4·27 판문점 선언 2018년 4월 27일 문재인 대통령과 김정은 북한 국무 위원장이 판문점 평화의 집에서 발표한 남북 정상 회담 합의문.
종전 전쟁이 끝남. 또는 전쟁을 끝냄.

반짝퀴즈 Q2

2000년, □□□ 대통령은 남한 정상 중 최초로 북한을 방문했다.

□ □ □

개성 공단

판문점

⭐ 평화 통일을 위한 노력

- 북한은 김일성, 김정일, 김정은으로 이어지는 1인 지배 체제를 유지해 왔다.
- 남북은 1972년 7·4 남북 공동 성명을 시작으로 통일을 위해 꾸준히 노력해 오고 있다.
- 남북은 이산가족 상봉, 스포츠 단일팀 구성, 금강산 관광, 개성 공단 설치 등을 실천했다.
- 2000년 김대중 대통령은 남한 정상 중 **최초**로 북한을 방문해 6·15 남북 공동 선언을 발표했다.
- 노무현 정부는 10·4 남북 공동 선언, 문재인 정부는 4·27 판문점 선언으로 통일을 위해 노력했다.

1 다음 사진과 관련 있는 통일 노력으로 알맞은 것은 무엇입니까? (   )

① 금강산 관광

② 이산가족 상봉

③ 스포츠 단일팀 구성

④ 남북한 동시 UN 가입

⑤ 대규모 개성 공단 설치

2 다음 (가)에 공통으로 들어갈 장소를 보기에서 골라 쓰세요.

2018년 문재인 대통령은 김정은 국무위원장과 ⟨가⟩에서 만나 남북 정상 회담을 했다. 4·27 ⟨가⟩ 선언에는 한반도에서 핵을 없애고, 종전에 노력한다는 내용이 담겨 있다.

보기   임진각   평양   판문점   서울

(   )

3 다음 밑줄 친 '이 인물'은 누구입니까? (   )

역사 인물 조사 발표회

금강산관광 **햇볕정책** 여성부신설
국민의정부 IMF구제금융졸업
남북정상회담 경의선
6.15남북공동선언 **베를린선언**
대통령 **노벨평화상**
국가인권위원회 외환위기극복

이 인물과 관련하여 조회한 단어들이에요. 조회 수가 많을수록 글자의 크기가 커요.

4주 4일 학습 끝!

붙임 딱지 붙여요.

① 이승만   ② 김대중   ③ 노무현   ④ 김영삼   ⑤ 정주영

카드 세계사

독일, 베를린 장벽을 허물다

베를린 장벽에 올라 통일을 축하하는 독일 국민들

제2차 세계 대전 이후 독일도 남북한처럼 자유 진영의 서독과 공산 진영의 동독으로 나뉘었어요. 1961년에 만들어진 베를린 장벽은 동독과 서독의 교류를 막는 장애물이었어요. 1980년대부터 동유럽에 불기 시작한 자유화 바람은 동독의 민주화를 이끌었어요. 그리고 마침내 1989년 11월 9일, 베를린 장벽이 무너지면서 동독과 서독이 통일되었어요.

베를린 장벽 1961년 동독 정부가 동베를린과 서베를린 경계에 쌓은 콘크리트 담장.

대한민국 사회는 어떻게 변화해 가고 있나요?

대한민국, 세계적 위상이 높아지다

우리나라는 전쟁의 폐허에서 국가 경제를 살리고 분단국가라는 현실 속에서 민주주의를 성장시켰어요. 이 과정에서 많은 아픔과 시련을 겪었지만 세계 속에서 대한민국의 위상도 많이 높아졌지요.

"올림픽이 한국에서 열린다네."

"정말? 가장 가난한 나라였던 한국이 올림픽을 치른다니 놀랍군."

우리나라는 1988년 세계인의 눈과 귀가 쏠리는 서울 올림픽 대회를 개최했어요. 대한민국이 1948년 런던 올림픽에 처음 나갔을 때는 우리나라를 아는 사람이 많지 않았어요. 1976년 몬트리올 올림픽 대회의 첫 금메달을 시작으로 우리나라 선수들은 꾸준히 수준 높은 실력을 보여 주며 발전하는 대한민국을 알렸지요. 1986년 서울 아시안 게임, 2014년 인천 아시안 게임, 2018년 평창 동계 올림픽까지 성공적으로 개최한 우리나라는 앞선 기술력과 수준 높은 경기력을 세계에 보여 주었어요.

1982년에는 프로 야구가, 1983년에는 프로 축구가 새로 시작했어요. 우리나라에서 가장 인기 있는 스포츠인 프로 야구는 매년 평균 700만 관중을 기록하고 있어요. 대한민국 축구팀은 2002년 한

붉은 악마 거리 응원

일 월드컵 대회에서 4강에 올라 신화로 불렸어요. 이때 우리 국민들이 보여 준 질서 있고 열정 넘치는 거리 응원은 전 세계인에게 감동을 주며 깊은 인상을 남겼어요.

한국 대중문화 열풍인 한류는 2000년대부터 전 세계로 퍼졌어요. 한국에서 만들어진 드라마, 영화, 대중가요(K-pop), 게임 등은 독특한 내용과 우수한 기술력으로 세계인들의 마음을 사로잡았지요.

1991년 세워진 한국 국제 협력단(KOICA)은 형편이 어려운 나라에 의료 시설이나 학교를 지어 주며 국제 사회에 도움을 주고 있어요. 6·25 전쟁 직후 다른 나라의 원조를 받던 나라에서 다른 나라에 도움을 주는 나라가 된 거예요.

위상 어떤 사물이 다른 사물과의 관계 속에서 가지는 위치나 상태.
한류 우리나라의 대중문화 요소가 외국에서 유행하는 현상을 이름.
한국 국제 협력단(KOICA) 1991년 세워져 정부 차원의 대외 무상 협력 사업을 맡아서 실시하는 기관.

Q1

반짝퀴즈

가장 가난한 나라였던 대한민국이 전 세계에 달라진 모습을 알린 대회는 1988년 서울 □□□이다.

☐ ☐ ☐

KOICA
한국국제협력단

133

대한민국, 정의롭고 공정한 사회를 지향하다

대한민국은 빠른 시간 안에 경제와 사회 발전을 이루었어요. 이 과정에서 여러 생각이 뒤엉켜서 서로 갈등하거나 해결의 실마리를 찾지 못하는 경우도 있었지요.

우리 사회는 급격한 경제 개발로 도시와 농어촌의 차이가 점점 커졌어요. 직장이 있는 도시로 사람들이 몰려 살 곳이 부족해졌어요.

"어휴, 사람들이 많아져서 집값이 너무 올랐어."

"그러게 말이야. 교통도 복잡하고 공기도 나빠."

사람들이 살 곳이 부족하니 집값이 너무 올라서 서민들은 집을 마련하기 힘들어졌어요. 도시의 교통은 복잡해지고 환경도 오염되었지요. 이에 비해 농촌은 환경 오염이 덜했지만 인구가 줄어 일손이 줄었어요. 도시와 소득 격차도 커지고 문화 시설도 부족해졌지요.

또 빠르게 성장하는 일만 중요하게 여기다 보니 부실하게 지은 와우 아파트, 성수 대교, 삼풍 백화점 등이 무너지는 일도 있었어요.

우리나라의 저출산·고령화는 전 세계에서 유래가 없을 정도로 빠르게 진행되고 있어요.

이렇게 되면 경제 활동을 할 수 있는 사람들이 줄어들어서 국가 발전이 힘들어질 수 있지요. 이 밖에도 청년 실업 문제, 성차별 문제, 다문화에 대한 편견 등 다양한 문제를 안고 있어요. 우리나라는 다양한

반크의 독도 탐방

사회 문제들을 해결해 나가며 모든 국민이 잘사는 복지 사회로 가기 위한 노력을 꾸준히 기울이고 있어요.

또, 이웃 나라인 일본과는 1945년 우리나라가 독립한 이후 다시 되찾은 독도를 두고 분쟁을 겪고 있어요.

"아직도 독도를 일본 땅이라고 우기다니 용서 못해."

"일본 어린이들에게 역사 교과서를 왜곡해서 가르치고 있어."

우리나라는 독도 명예 주민증을 내주는 등 반크와 같은 여러 시민 단체들과 함께 소중한 우리 국토를 지키기 위해 노력하고 있답니다.

저출산·고령화 출산율은 낮아지는 반면, 평균 수명은 증가해 노인 인구의 비율이 높아지는 일.
실업 생업을 잃음.
다문화 한 사회 안에 여러 민족이나 여러 국가의 문화가 섞여 있는 것을 이르는 말.
분쟁 갈라져 다툼.
왜곡하다 사실과 다르게 해석하거나 그릇되게 하다.
반크 인터넷상에서 전국 각지의 누리꾼들이 모여 만든 사이버 민간 외교 사절단.

Q2
반짝퀴즈
우리나라는 □□을/를 사이에 두고 일본과 영토 분쟁을 겪고 있다.

저출산·고령화

노약자석　　노약자석

★ **대한민국의 사회 변화와 해결 과제**
- 우리나라는 1988년 서울 올림픽을 열어 대한민국의 달라진 모습을 전 세계에 알렸다.
- 2002년 한일 월드컵은 질서 있는 시민 의식과 성숙한 응원 문화를 전 세계에 보여 주었다.
- 스포츠 스타와 한류 등은 세계에 대한민국의 위상을 높이는 역할을 했다.
- 도시와 농촌 격차, 빨리빨리 문화, 저출산·고령화, 다문화 편견 같은 사회 문제를 해결해 나가고 있다.
- 독도 분쟁 등 이웃 나라와의 문제도 정부가 여러 시민 단체들과 함께 해결하기 위해 노력하고 있다.

1 다음 자료에 나타난 일이 다른 나라에 미친 영향으로 알맞은 것에 ○표 하세요.

2002년
한일 월드컵
때구나.

(1) 도움을 받던 나라에서 도움을 주는 나라가 되었다는 것을 전 세계에 보여 주었다. ( )

(2) 가난한 나라였던 대한민국이 국제 행사를 치를 수 있게 되었다는 것을 보여 주었다. ( )

(3) 전 세계에 질서 있는 시민 의식과 열정 넘치는 거리 응원 문화로 깊은 인상을 주었다. ( )

2 다음 자료에 나타난 우리나라가 해결해야 할 과제는 무엇입니까? ( )

이런 모습, 상상은 해보셨나요?

① 성차별
② 저출산·고령화
③ 빨리빨리 문화
④ 다문화에 대한 편견
⑤ 도시와 농촌의 격차

136

3 ㈎에 들어갈 대회로 알맞은 것은 무엇입니까? (   )

> 이것은 1988년에 우리나라에서 개최된 ㈎ 의 마스코트인 호돌이와 대회 휘장이에요.

4주 5일 학습 끝!

붙임 딱지 붙여요.

① 서울 올림픽   ② 한일 월드컵   ③ 인천 아시안 게임
④ 평창 동계 올림픽   ⑤ 대구 세계 육상 선수권 대회

카드 세계사

Nations Unies

세계, 지구를 위해 파리 기후 변화 협약을 맺다

COP21/CMP11

Paris, France

파리 기후 변화 협약 당사국 총회

파리 기후 변화 협약은 2015년 유엔 기후 변화 회의에서 채택된 조약이에요. 지구 평균 온도 상승 폭을 산업화 이전 대비 2℃ 이하로 유지하고 더 나아가 1.5℃ 이하로 제한하기 위해 195개 나라가 함께 노력하기로 약속한 국제 협약이지요. 2017년 미국이 탈퇴를 선언했지만 여전히 200여 개 국가가 이 약속을 실천하고 있어요. 우리나라도 2030년까지 온실가스를 37% 줄이기 위해 노력하고 있어요.

온실가스 이산화 탄소 등 지구 대기를 오염시켜 온실 효과를 일으키는 가스를 통틀어 이르는 말.

정답 및 풀이

쪽수를 잘 보고 정확한 정답과
자세한 풀이를 만나 보세요.

PART 1 대한 제국과 일제의 침략

01 을미사변과 아관 파천은 왜 일어났나요?

반짝퀴즈 13, 15쪽

Q1. 명성 황후 Q2. 아관 파천

1. 일제의 칼잡이들이 궁궐에 침입하여 호위하던 병사들을 죽이고 명성 황후를 시해한 사건을 '을미사변'이라고 합니다.
2. 아관 파천은 고종이 러시아의 도움으로 일본의 위협을 피하려고 러시아 공사관으로 몸을 피한 사건을 이르는 말입니다. '아관'은 러시아 공사관을, '파천'은 임금이 도성을 떠나 난리를 피한다는 뜻입니다.

역사 쑥쑥 16~17쪽

1. 을미사변 2. ⑤ 3. ③

1. 고종과 명성 황후가 러시아 세력을 끌어들여 일본의 간섭을 막으려고 하자 일본이 을미사변을 일으켰습니다. 갑신정변은 개화파가 민씨 일파를 몰아내고 새로운 정부를 세우기 위해 일으킨 정변입니다.
2. 고종은 을미사변 이후 자신의 안전을 지키고 일본의 영향력에서 벗어나고자 러시아 공사관으로 갔습니다. ④ 러시아 공사관의 건축 양식을 배우는 일과는 관련이 없습니다.
3. ㈎에는 을미사변과 단발령 이후에 일어났던 사건인 아관 파천(1896년)이 들어가는 것이 알맞습니다. ① 갑신정변은 1884년에, ② 임오군란은 1882년에, ④ 갑오개혁은 1894년에, ⑤ 강화도 조약은 1876년에 각각 일어났던 사건입니다.

02 대한 제국 시기, 자주독립을 위해 어떤 노력을 했나요?

반짝퀴즈 19, 21쪽

Q1. 독립신문 Q2. 대한 제국

1. 『독립신문』은 조선이 자주국임을 알리기 위해 서재필이 조선 정부의 지원을 받아 창간한 신문입니다.
2. 고종이 러시아 공사관에서 1년 만에 경운궁(덕수궁)으로 돌아온 뒤 황제의 자리에 오르면서 선포한 새로운 나라의 이름은 대한 제국입니다.

역사 쑥쑥 22~23쪽

1. (1) ○ (2) × (3) × (4) ○ 2. 독립 협회 3. ⑤

1. 『독립신문』은 조선 정부가 지원하고 서재필이 창간한 신문입니다. 나라 안팎의 소식을 백성들에게 알리기 위해 3면은 한글로, 1면은 영문으로 냈습니다.
2. 서재필을 중심으로 만들어진 독립 협회는 독립문을 세워 백성들의 자주독립 의식을 높이려고 했습니다. 또, 만민 공동회를 열어 조선 백성이면 누구나 자신의 의견을 밝힐 수 있게 하였습니다.
3. 문구에서 ㈎의 사건을 짐작할 수 있습니다. 고종이 환구단에서 황제 즉위식을 한 까닭은 대한 제국을 선포하기 위해서입니다.

03 우리 민족은 을사늑약에 어떻게 저항했나요?

반짝퀴즈 25, 27쪽

Q1. 을사늑약 Q2. 민영환

1. 이토 히로부미가 궁궐을 포위한 상태에서 조선의 외교권을 빼앗기 위해 강제로 체결한 조약은 을사늑약입니다.
2. 「경고 대한 2천만 동포 유서」에서 을사늑약을 당한 우리 민족의 심정을 표현하고 조약에 반대해 목숨을 끊은 사람은 민영환입니다.

역사 쑥쑥 28~29쪽

1. (다), (가), (나) **2.** ③ **3.** (라)

1. 을사늑약은 러시아 전쟁에서 승리한 일제가 조선의 외교권을 강제로 빼앗기 위해 체결한 조약입니다. 고종은 이 일을 국제 사회에 알리려고 했지만 성과를 거두지 못했습니다.
2. 민영환은 「경고 대한 2천만 동포 유서」에서 을사늑약을 당한 우리 민족의 심정을 표현하고 목숨을 끊었습니다.
3. 주어진 사진은 경운궁(덕수궁) 안에 있는 중명전입니다. 이토 히로부미는 이곳에서 조선의 관리들을 위협하여 조선의 외교권을 빼앗는 을사늑약을 강제로 체결하였습니다.

04 고종은 왜 헤이그에 특사를 보냈나요?

반짝퀴즈 31, 33쪽

Q1. 헤이그 Q2. 군대

1. 고종은 만국 평화 회의가 열리는 헤이그에 이상설, 이준, 이위종을 특사로 보내 을사늑약이 무효임을 세계 각국에 알리려고 했습니다. 하지만 일본의 방해 공작 때문에 그 뜻을 이루지 못했습니다.
2. 헤이그 특사 사건 이후에 일제는 고종을 강제 퇴위시켰습니다. 곧이어 대한 제국의 군대가 해산되고 사법권, 경찰권마저 빼앗겨 우리나라는 국권을 잃고 말았습니다.

역사 쑥쑥 34~35쪽

1. ⑤ **2.** (가로 열쇠) (1) 이토 히로부미 (3) 특사 (5) 순종 (세로 열쇠) (1) 이준 (2) 의사 (4) 고종 **3.** (4) ○

1. 이준, 이상설, 이위종은 고종이 만국 평화 회의에 보낸 황제의 특사였습니다. 고종은 헤이그에 특사를 파견하여 을사늑약이 무효임을 알리려고 했습니다.
2. 가로 열쇠와 세로 열쇠의 도움말을 잘 보고 해당하는 낱말을 찾아 빈칸을 채웁니다.
3. 가상 일기에 나온 황제의 특사들이 헤이그에 간 까닭은 을사늑약이 무효라는 것을 세계에 알리기 위해서였습니다.

05 항일 의병 운동은 어떻게 전개되었나요?

반짝퀴즈 37, 39쪽

Q1. 태백산 Q2. 서울

1. 신돌석은 강원도, 경상도, 충청도를 중심으로 활약한 의병장입니다. 평민 출신의 신돌석은 '태백산 호랑이'라고 불리며 곳곳에서 일본군을 무찔렀습니다.
2. 서울 진공 작전은 전국의 의병들이 힘을 합쳐 의병 연합군을 만들어 서울에 주둔한 일본군을 물리치기 위해 작전을 펼친 것입니다.

역사 쑥쑥 40~41쪽

1. (1) ○ (2) ○ **2.** 신돌석 **3.** ③

1. 주어진 자료는 을사늑약 이후에 벌어진 의병들의 항일 의병 운동을 나타낸 지도입니다. 의병들은 을미사변과 단발령에 반대하고, 을사늑약을 없애 일제로부터 우리나라를 구하기 위해 항일 운동을 벌였습니다.
2. 강원도, 경상도, 충청도를 중심으로 활약한 의병장은 신돌석입니다.
3. 안창호는 민족의 실력을 길러야 한다고 믿고 교육과 독립운동에 앞장섰던 인물입니다.

PART 2 나라를 구하기 위한 노력

06 어떤 애국 계몽 운동들이 일어났나요?

반짝퀴즈 45, 47쪽

Q1. 국채 보상 Q2. 보안회

1. 대한 제국 때 일본에게 빌린 나랏빚 1천3백만 원을 갚기 위해 우리 민족이 대대적으로 벌인 애국 계몽 운동은 국채 보상 운동입니다.
2. 보안회는 일본의 황무지 개간에 반대하는 운동을 펼쳤습니다. 일제의 요구가 담긴 문서를 전국에 돌리고 연설 운동을 이어 가겠다고 발표해 일본의 경제 침략을 막아 냈습니다.

역사 쏙쏙 48~49쪽

1. ⑤ 2. 신민회 3. ⑤

1. 국채 보상 운동의 목표는 국민의 힘을 모아서 나랏빚을 갚아 국권을 지키자는 것이었습니다.
2. 안창호, 이승훈, 양기탁 등은 신민회를 만들어 활동했습니다. 신민회는 오산 학교, 대성 학교 등을 세워 인재를 키우고 서점, 도자기 회사 등 민족 산업을 발전시켜 독립운동에 이바지하였습니다.
3. 주어진 대화에 나타난 일제에 진 빚 1천3백만 원을 국민의 힘으로 갚자는 운동은 국채 보상 운동입니다.

07 안중근은 나라를 지키기 위해 어떤 노력을 했나요?

반짝퀴즈 51, 53쪽

Q1. 의병 Q2. 하얼빈

1. 안중근은 국내에서 활동하다가 중국으로 가서 애국 계몽 운동을 펼쳤습니다. 삼흥 학교에서 인재를 키우는 한편 의병을 모아 무장 독립 투쟁을 했습니다.
2. 안중근은 하얼빈역에서 이토 히로부미를 저격해 우리 민족의 독립 의지를 세계에 보여 주었습니다.

역사 쏙쏙 54~55쪽

1. (1) 3 (2) 1 (3) 2 2. ④ 3. ④

1. 안중근은 중국에 망명해 인재를 양성했습니다. 이후 단지 동맹을 맺어 이토 히로부미와 이완용을 암살할 것을 다짐했습니다. 그리고 실제로 하얼빈역에서 이토 히로부미를 총으로 쏘았습니다.
2. 주어진 사진과 설명은 안중근이 감옥에서 쓴 책인 『동양 평화론』에 대한 내용입니다. ①은 조선 후기 우리나라에 천주교를 소개한 책이고, ②는 정약용이 쓴 책입니다. ③은 서재필이 창간한 신문이고, ⑤는 조선어 학회가 펴낸 사전입니다.
3. 주어진 그림은 안중근이 재판받는 장면입니다. 안중근은 대한 의군 참모 중장 자격으로 이토 히로부미를 총으로 쏘았다고 주장하였습니다.

08 1910년대 한국인들은 왜 고국을 떠났나요?

반짝퀴즈 57, 59쪽

Q1. 총독부 Q2. 이회영

1. 조선 총독부는 일제가 한국인을 지배할 목적으로 세운 통치 기구입니다. 조선 총독부는 토지 조사 사업, 독립운동 탄압 등 한국인들을 정신적, 물질적으로 수탈했습니다.

2. 이회영은 만주에 신흥 강습소(신흥 무관 학교)를 세워 많은 독립운동가와 항일 독립군을 키워 냈습니다.

역사 쏙쏙 60~61쪽

1. ③ 2. 신흥 무관 학교 3. ②

1. 주어진 장면은 일제가 토지 조사 사업을 벌여 토지를 신고하지 않은 사람의 권리를 빼앗는 모습입니다. 일제는 토지 조사 사업을 벌여 한국인의 땅을 빼앗거나 세금을 많이 내게 했습니다.
2. 이회영은 만주의 삼원보에 신흥 강습소(신흥 무관 학교)를 세워 독립운동가와 독립군을 키워 냈습니다.
3. 흥사단은 안창호가 1913년 미국 샌프란시스코에서 만든 민족 운동 단체입니다. 안창호는 흥사단을 만들어 교민들에게 민족의식을 심어 주고 해외에서 우리 민족의 실력을 기르는 운동을 했습니다.

09 3·1 운동은 어떻게 일어났나요?

반짝퀴즈 63, 65쪽

Q1. 독립 Q2. 운동

1. 일본에서 유학하던 한국인 학생들이 한국의 독립을 요구하는 선언서와 결의문을 발표했습니다. 이 소식을 전해 들은 민족 대표들은 국내에서 독립 선언식을 준비했습니다.
2. 일본 유학생들의 독립 선언에서 영향을 받아 1919년 3월 1일, 서울 탑골 공원에서 학생과 시민이 만세 시위로 일제에 저항한 것을 3·1 운동이라고 합니다.

역사 쏙쏙 66~67쪽

1. ④ 2. 유관순 3. ①

1. 주어진 지도에서 점은 3·1 운동이 일어났던 지역입니

다. 따라서 3·1 운동은 서울 탑골 공원뿐 아니라 전국에서 벌어졌다는 것을 알 수 있습니다.
2. 유관순은 16살의 어린 나이로 3·1 운동에 참여한 뒤 고향인 천안으로 내려가 아우내 장터 만세 시위를 주도했습니다. 이 시위에서 체포된 유관순은 감옥에서 숨을 거둘 때까지 독립 만세를 외쳤습니다.
3. 주어진 그림과 설명은 1919년 2월 8일, 도쿄에서 유학하던 한국 학생들이 독립 만세를 외쳤던 2·8 독립 선언입니다. 이 사건의 영향을 받아 전국적으로 벌어진 민족 운동은 3·1 운동입니다.

10 대한민국 임시 정부는 어떤 노력을 했나요?

반짝퀴즈 69, 71쪽

Q1. 대한민국 Q2. 윤봉길

1. 대한민국 임시 정부는 3·1 운동 이후 힘을 하나로 모아 독립운동을 하기 위해 여러 곳에 흩어져 있던 임시 정부를 통합한 정부입니다.
2. 윤봉길은 상하이 훙커우 공원에서 일본 왕의 생일을 기념하는 행사장의 단상에 폭탄을 던지는 의거를 벌였습니다.

역사 쏙쏙 72~73쪽

1. (1) ○ 2. ② 3. ④

1. 상하이에 대한민국 임시 정부를 세운 까닭은 여러 곳에 흩어져 있던 힘을 하나로 모아 체계적으로 일제에 대항하기 위해서입니다.
2. 대한민국 임시 정부는 일제의 감시를 피하기 위해 상하이에 세워졌습니다. 그러다가 일제의 탄압이 심해지자 중국 각지로 옮겨 다녀야 했습니다.
3. 한인 애국단은 김구가 일본의 주요 인물을 암살하려는 목적으로 조직한 비밀 결사 단체입니다. 한인 애국단은 이봉창과 윤봉길 의거 등을 주도했습니다.

PART 3 광복과 대한민국 정부 수립

11 일제의 문화 통치에 우리 민족은 어떻게 저항했나요?

반짝퀴즈 77, 79쪽

Q1. 문화 Q2. 청산리

1. 3·1 운동 이후 일본은 겉으로는 우리 민족의 전통과 문화를 존중하는 척하면서 속으로는 독립 의지를 꺾으려는 문화 통치로 방향을 바꾸었습니다.
2. 청산리 전투는 1920년 김좌진과 홍범도의 독립군 연합 부대가 두만강 상류에 있는 청산리 일대에서 일본군과 싸워 크게 승리한 전투입니다.

역사 쏙쏙 80~81쪽

1. 문화 통치 2. (1) 봉오동 전투 (2) 청산리 전투(청산리 대첩) 3. ②

1. 일제는 3·1 운동 이후 강압적인 헌병 경찰을 보통 경찰로 바꾸고 언론의 자유를 일부 허용하는 등 문화 통치를 폈습니다.
2. (1) 봉오동 전투는 홍범도가 이끄는 독립군 부대가 만주 봉오동에서 일본군을 크게 무찌른 싸움입니다.
   (2) 청산리 전투는 김좌진과 홍범도가 이끄는 독립군 연합 부대가 청산리에서 일본군에게 크게 승리한 싸움입니다.
3. 산미 증식 계획은 일제가 식량이 부족했던 일본에 쌀을 보내기 위해 우리나라의 쌀 생산을 늘렸던 정책입니다.
   ① 방곡령은 고종 때 함경 감사 조병식이 일본에 대한 곡물 수출을 금지한 명령입니다.

12 민족 말살 통치에 우리 민족은 어떻게 저항했나요?

반짝퀴즈 83, 85쪽

Q1. 전쟁 Q2. 전기

1. 1930년대 일제는 만주, 중국 등에서 계속 전쟁을 치르면서 부족해진 군인과 노동자, 물자를 한반도에서 동원하기 위해 민족 말살 통치를 폈습니다.
2. 신채호는 『을지문덕전』 같은 우리나라 영웅들의 이야기를 써서 우리 민족의 우수성을 알렸습니다.

역사 쏙쏙 86~87쪽

1. (2) ○ (3) ○ 2. 신채호 3. ④

1. (2), (3)은 일제가 펼친 민족 말살 통치의 내용입니다. (1)은 이육사와 한용운 같은 여러 문인이, (4)는 조선어 학회가 한 일입니다.
2. 신채호는 일제 강점기 때의 역사 학자로, 역사를 연구해 우리 민족의 우수성을 알리고, 우리 역사를 왜곡하는 일제에 대항했습니다.
3. 조선어 학회는 강습회를 열어 한글을 보급했습니다. 그리고 잡지 『한글』 등을 펴내며 한글 맞춤법 통일안을 만들기도 했습니다.

13 우리 민족은 어떻게 광복을 맞이했나요?

반짝퀴즈 89, 91쪽

Q1. 독립 Q2. 광복

1. 일제의 패망이 짙어질 무렵, 우리나라는 카이로 회담과 포츠담 회담을 통해 독립의 기회를 얻었습니다.
2. 1945년 8월 15일, 연합국이 전쟁에 승리하고 일본이 항복하면서 우리나라가 광복을 맞았습니다.

역사 쏙쏙 92~93쪽
1. (1) 연합국 (2) 독립운동가 **2.** (1) ○ (4) ○ **3.** ④

1. 우리나라의 광복은 제2차 세계 대전에서 미국, 소련, 프랑스, 영국 등 연합국이 승리하고 독립운동가들과 국민들이 끊임없이 노력했기 때문입니다.
2. 광복 후 우리나라의 모습으로 알맞은 것은 (1), (4)입니다. (2) 광복 후 학생들은 일본어 대신 우리말로 수업을 받았습니다. (3) 광복 후에는 중국, 일본, 미국 등으로 떠났던 동포들이 국내로 돌아왔습니다.
3. 여운형은 대한민국 임시 정부에 참여하고 광복 후에는 건국을 준비하는 단체를 만든 독립운동가입니다. ①은 김좌진과 홍범도, ②는 김구, ③은 안중근, ⑤는 지청천에 대한 설명입니다.

14 대한민국 정부는 어떻게 세워졌나요?

반짝퀴즈 95, 97쪽
Q1. 소련 **Q2.** 총선거

1. 우리나라가 광복을 맞은 후 미국과 소련이 일본군의 무장을 해제하기 위해 38도선을 사이에 두고 주둔하였습니다.
2. 미소 공동 위원회는 임시 정부 수립 문제를 국제 연합에 넘겼습니다. 이후 1948년 5월 10일, 남한만의 총선거가 이루어졌습니다.

역사 쏙쏙 98~99쪽
1. (3) ○ **2.** (1) ② (2) ① **3.** (나), (다), (가)

1. 주어진 자료는 신탁 통치 반대 운동 사진과 설명입니다. 많은 국민들이 신탁 통치가 자주적인 정부 수립을 방해한다고 생각하여 신탁 통치를 반대했습니다.
2. ①은 남북한이 함께 통일 정부를 수립하자는 주장입니다. 이와 같은 주장을 했던 인물은 김구, 여운형, 김규식 등입니다. 반면 ②는 당시 이승만이 주장했던 내용입니다.
3. (가)~(다)의 사건을 일어난 순서에 맞게 정리합니다. 광복 이후 임시 정부 수립을 위해 미소 공동 위원회가 열렸습니다(나). 미소 공동 위원회는 임시 정부 수립 문제를 국제 연합에 넘겨 남한만의 총선거를 치렀습니다(다). 이 총선거로 제헌 국회가 만들어져 대한민국 정부가 세워졌습니다(가).

15 민족의 비극 6·25 전쟁은 어떻게 일어났나요?

반짝퀴즈 101, 103쪽
Q1. 인천 **Q2.** 정전(휴전) 협정

1. 북한의 불법적인 기습 침략으로 낙동강까지 밀렸던 국군과 국제 연합군은 인천 상륙 작전을 시작으로 평양을 비롯한 북한 지역을 대부분 장악했습니다.
2. 1953년 7월, 판문점에서 정전 협정이 체결되면서 우리나라는 남한과 북한으로 나누어지게 되었습니다.

역사 쏙쏙 104~105쪽
1. (라), (나), (가) **2.** ② **3.** ④

1. 주어진 지도를 시간 순서에 따라 정리하면, 북한군의 남침(라) → 국군과 국제 연합군의 반격(나) → 중국군의 개입(다) → 전선 고착과 휴전(가)입니다.
2. 6·25 전쟁 당시 부산에 갑자기 피란민이 몰려들면서 사람들은 살 곳과 수도, 전기 등이 부족해 어려운 생활을 했습니다.
3. 1953년 국제 연합군과 북한군 사이에 정전 협정이 체결된 곳은 판문점입니다.

PART 4 대한민국의 민주주의와 경제 발전

16 4·19 혁명은 왜 일어났나요?

반짝퀴즈 109, 111쪽

Q1. 혁명 Q2. 박정희

1. 4·19 혁명은 1960년 4월 19일, 이승만의 독재와 부정 선거에 맞서 많은 시민과 학생들이 민주주의를 외친 혁명입니다.
2. 4·19 혁명 이후 5·16 군사 정변을 일으켜 정부를 장악하고 정권을 잡은 사람은 박정희입니다.

역사 쏙쏙 112~113쪽

1. 4·19 혁명 2. ④ 3. ⑤

1. 주어진 사건은 1960년 3월 15일에 벌어졌던 부정 선거입니다. 이 사건이 원인이 되어 많은 시민과 학생들이 4·19 혁명을 일으켰습니다.
2. 박정희는 군대를 동원하여 정권을 잡은 뒤 유신 헌법을 만들어서 독재 정치를 했습니다.
3. 주어진 그림은 4·19 혁명을 주도했던 학생들의 시위 모습입니다. 4·19 혁명의 결과로 이승만이 대통령에서 물러났고 3·15 선거는 무효가 되었습니다.

17 우리나라에서 민주화 운동은 어떻게 전개되었나요?

반짝퀴즈 115, 117쪽

Q1. 민주주의 Q2. 민주 항쟁

1. 전라남도 광주에서 일어난 5·18 민주화 운동은 전두

환을 비롯한 신군부의 탄압에 맞서 시민들이 민주주의를 지키려고 벌인 민주화 운동입니다.
2. 6월 민주 항쟁은 전두환 정권의 독재를 막기 위해 대통령 직선제를 외치며 전 국민이 벌인 민주화 운동입니다.

역사 쏙쏙 118~119쪽

1. (다), (가), (나) 2. ② 3. 5·18 민주화 운동

1. (가)~(다)의 사건 중 가장 먼저 일어난 사건은 (다) 5·16 군사 정변입니다. 이후 다시 군사 정변을 일으킨 전두환에 맞서 민주주의를 지키려는 5·18 민주화 운동이 일어났습니다(가). 그리고 대통령이 된 전두환의 독재에 맞서 6월 민주 항쟁이 일어났습니다(나).
2. 주어진 사진 속 촛불 집회는 사회 문제 해결을 위해 시민들이 촛불을 들고 거리에서 평화적으로 진행하는 집회입니다.
3. 1980년 전남 광주에서 전두환과 신군부에 맞서 일어난 대규모 민주화 시위는 5·18 민주화 운동입니다.

18 우리나라의 경제는 어떻게 성장했나요?

반짝퀴즈 121, 123쪽

Q1. 정부 Q2. 반도체

1. 1962년 정부는 경제 개발 5개년 계획을 세우고 국내에서 생산한 제품을 해외에 수출해 경제 성장을 이루려고 했습니다.
2. 1990년대 이후 개인용 컴퓨터 보급이 늘어나면서 우리나라는 세계적으로 성능이 뛰어난 반도체를 생산할 수 있게 되었습니다.

1. 정보 통신망 2. ⑤ 3. 외환 위기

1. 우리나라는 1990년대 후반부터 정보화 사회를 이끌기 위해 경제 발전의 바탕이 되는 초고속 정보 통신망을 만들었습니다.
2. 우리나라 경제는 1960년대는 경공업, 1970년대는 중화학 공업이 발전하였습니다. 1980년대는 기계 산업, 1990년대는 반도체와 인터넷 산업이 발전하였습니다. 2000년대 이후에는 첨단 산업과 다양한 서비스 산업들이 발달하고 있습니다.
3. 주어진 사진은 금 모으기 운동을 하는 모습입니다. 외환 위기가 벌어지자, 우리 국민들은 금 모으기 운동을 벌여서 위기를 극복했습니다.

19 남북한은 평화 통일을 위해 어떤 노력을 해 왔나요?

Q1. 남북 Q2. 김대중

1. 7·4 남북 공동 성명은 정전 협정 이후 1972년 남북한 당국이 최초로 통일과 관련해 합의한 내용을 공동으로 발표한 사건입니다.
2. 김대중 대통령은 햇볕 정책을 펼쳐 남한 정상 최초로 북한을 방문하고 6·15 남북 공동 선언을 이끌어 냈습니다.

1. ② 2. 판문점 3. ②

1. 주어진 사진은 남북한의 이산가족이 만나는 모습입니다. 금강산 관광, 이산가족 상봉, 스포츠 단일팀 구성, 개성 공단 설치는 모두 통일을 위한 노력입니다.
2. 문재인 대통령은 2018년 4월 27일 판문점에서 김정은

위원장을 만나 핵을 없애 한반도의 평화를 이루자는 데 합의하는 공동 선언을 발표했습니다.
3. 김대중 대통령은 북한에 햇볕 정책을 펼쳐 남북 정상 회담을 하는 등 통일을 위해 노력했습니다.

20 대한민국 사회는 어떻게 변화해 가고 있나요?

Q1. 올림픽 Q2. 독도

1. 우리나라는 1988년 서울 올림픽 대회를 계기로 국제 사회에서 위상이 높아졌습니다.
2. 일본은 우리나라 땅인 독도에 대한 권리를 주장하며 교과서를 왜곡하는 등 우리나라와 분쟁을 벌이고 있습니다.

1. ⑶ ○ 2. ② 3. ①

1. 주어진 사진은 2002년 한일 월드컵 대회 때의 거리 응원 장면입니다. 2002년 한일 월드컵에서 우리나라 시민들이 보여 준 질서 있고 열정 넘치는 거리 응원은 세계인에게 깊은 인상을 주었습니다.
2. 주어진 자료는 아이들보다 노인들이 더 많은 고령화 사회를 보여 주는 광고입니다. 우리나라는 저출산·고령화 문제를 해결해야 복지 국가로 한 걸음 더 나아갈 수 있습니다.
3. 주어진 그림과 설명은 1988년 서울 올림픽 대회의 마스코트 호돌이와 휘장입니다. ②는 2002년에, ③은 2014년에, ④는 2018년에, ⑤는 2011년에 각각 개최된 국제 경기 대회입니다.

축하합니다~
한국사 능력자가 되셨네요!
앞으로도 열심히 하세요!

NE능률플러스 카페는 대한민국 대표 교육기업 **NE능률**의 공식 카페로
초등 학부모를 위한 교육 정보와 학습 자료를 제공합니다.

NE 능률

NE능률과 함께 *Learn* 아이와 함께 *Run*

NE능률플러스 학습단 모집

NE능률플러스 카페에서는 매월 셋째 주 학습단을 모집합니다.
4주간의 학습단 활동으로 **엄마표 학습 노하우**와 **교육 정보**를 얻고,
아이의 자기주도 학습 습관을 길러주세요.

▶▶ **카페바로가기**

NE능률플러스 카페 ▼

모집 대상	유·초등 자녀 교육에 관심이 있는 학부모
모집 기간	매월 셋째 주 모집 (학습단 공지&발표 게시판)
학습단 혜택	- 교재 및 활동 지원금
	- 매주 진행되는 깜짝 이벤트와 푸짐한 경품
	- 학습 독려 쪽지 발송
	- NE Times 영자신문 1개월 구독권

학습단 소개

러닝맘
- 다양한 활동과 일상을 공유하는 서포터즈

교재 리뷰단
- 생생한 교재 후기를 공유하는 프로 학습러

맘스터디
- 엄마표 학습 꿀팁을 나누는 온·오프라인 스터디

자율학습단
- 스스로 공부 습관과 완북의 성취감

5권 구매 등록마다 선물이 팡팡!

세토 시리즈
래빗 포인트

★★ **래빗 포인트 적립하기**

🐰 **포인트 번호**

I605-1I66-HHEU-07LO

1 래빗 포인트란?

NE능률 세토 시리즈 교재 구매 시
혜택을 드리는 포인트 제도입니다.
1권 당 1P가 적립되며, 5P 적립마다
경품으로 교환 가능합니다.
(시리즈 3종 포함 시 추가 경품 증정)

2 포인트 적립 방법

1 세토 시리즈 교재 구입
2 래빗 포인트 적립 페이지 접속
   (QR코드 스캔)
3 NE능률 통합회원 로그인
4 포인트 번호 16자리 입력

3 포인트 적립 교재

- 세 마리 토끼 잡는 독서 논술
- 세 마리 토끼 잡는 초등 독해력
- 세 마리 토끼 잡는 급수 한자
- 세 마리 토끼 잡는 초등 어휘
- 세 마리 토끼 잡는 역사 탐험
- 세 마리 토끼 잡는 초등 한국사
- 세 마리 토끼 잡는 쓰기

★ **포인트 유의사항** ★

- 이름, 단계가 같은 교재의 래빗 포인트는 1회만 적립 가능하며, 포인트 유효기간은 적립일로부터 1년입니다.
- 부당한 방법으로 래빗 포인트를 적립한 경우 해당 포인트의 적립을 철회하고 서비스 이용을 제한할 수 있습니다.
- 래빗 포인트에 관한 자세한 사항은 래빗 포인트 적립 페이지 맨 하단을 참고해주세요.

NE 능률